세상에서 가장 재미있는
— 세계사 —
5

THE CARTOON HISTORY OF THE MODERN WORLD (Part II)

Copyright © 2009 by Larry Gonick
Published by arrangement with HarperCollins Publishers
All rights reserved.

Korean translation copyright © 2010 by Kungree Press
Korean translation rights arranged with HarperCollins Publishers
through EYA (Eric Yang Agency).

이 책의 한국어판 저작권은 EYA를 통하여
HarperCollins Publishers사와 독점 계약한 '궁리출판'이 소유합니다.
저작권법에 의해 한국 내에서 보호를 받는 저작물이므로 무단전재와 복제를 금합니다.

세상에서 가장 재미있는 세계사

래리 고닉 글·그림 | 이희재 옮김

⑤

바스티유에서 바그다드까지
THE CARTOON HISTORY OF THE MODERN WORLD II

궁리
KungRee

CONTENTS

감사의 말 　7

1. 총, 황금, 선의　11
주인이 된 손님 14 ｜ 튀김이 웬수 18
날강도 회사 20 ｜ 일회용 인간 24
어둠과 계몽 29 ｜ 회의 소집 34
배신당한 아이티 54

2. 자유무역　61
미란다의 결정 72 ｜ 1812년 막간극 74
전쟁과 평화 75 ｜ 진보 84
야심 89 ｜ 아프리카 그 후 101

3. 근대란 무엇인고　111
권력 이동 122 ｜ 찢겨나가는 오토만 제국 124
이념들 128 ｜ 빨리 가느냐 천천히 가느냐 130
민족의 탄생 139 ｜ 또 하나의 민족 143
인스턴트 근대화 151

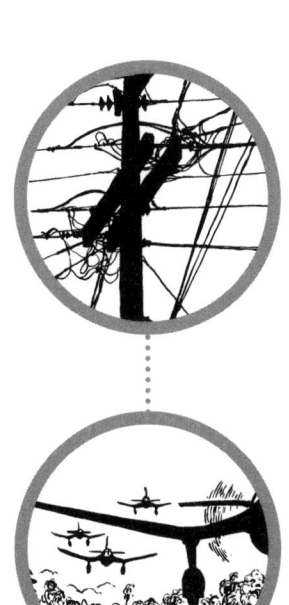

4. 밝은 빛 161

동쪽의 제국들 176 | 전쟁과 혁명 184

중화 왕국의 종말 192 | 격동의 20년대 194

우울한 세계 198 | 한편 다른 곳에서는… 200

전쟁과 혁명(계속) 202

5. 계몽의 끝? 211

중국 공산당의 승리 218 | 또 싸워? 222

식민지여, 안녕 225 | 유대인의 행로 230

스파이 대 스파이 234 | '60년대식' 236

숨은 얼굴들 242 | 질서! 질서! 248

참고문헌　　　259
옮긴이의 말　　　264

1권 | 빅뱅에서 알렉산드로스 대왕까지

1. 우주 삼라만상이 열리던 날 | 2. 인간, 막대기와 짱돌을 사용하다 |
3. 깊은 강, 문명을 낳다 | 4. 구약 시대, 서양 정신의 뿌리 |
5. 그리스, 신화와 전설이 들려주는 역사 | 6. 지중해와 오리엔트의 한판 승부 |
7. 아테네 민주주의의 모든 것

2권 | 중국의 여명에서 로마의 황혼까지

1. 인도, 모두 모두 신성하다 | 2. 수신제가치국평천하의 나라 |
3. 동아시아 대륙 막강패자의 탄생 | 4. 영원한 제국 로마 이야기 |
5. 기원전, 그리스도, 기원후 | 6. 동서 대제국들의 균열

3권 | 이슬람에서 르네상스까지

1. 아랍에 내린 신의 계시, 이슬람 | 2. 아프리카, 다양성의 보고 |
3. 대륙을 누비는 사람들 | 4. 천년 왕국 비잔틴 |
5. 십자군의 이름으로! | 6. 암흑 속에 핀 꽃의 도시

4권 | 콜럼버스에서 미국혁명까지

1. 세계 전쟁, 문명을 파괴하다 | 2. 돌고 도는 세상 | 3. 선행? |
4. 헤쳐모여! | 5. "이치가 그렇잖아!"

감사의 말

내가 고마워해야 할 사람은 참 많지만, 이건 오스카상 수락 연설이 아니라서 관심 없는 사람은 건너뛸 테니까 지금은 고인이 된 분을 포함해서 거의 완전한 명단을 만들어볼까 한다.

콜럼버스 원정에서 이라크 전쟁에 이르기까지 500년 동안 세계에서 벌어진 파란만장한 사건을 마지막 4권과 5권 두 권으로 압축하는 기적을 연출한 나의 에이전트 비키 비주어, 가장 최근에 함께 일했고 무시무시하면서도 명랑한 모습을 보여준 스테파니 마이어스와 수고해준 하퍼콜린스 편집자들, 별난 학자들에게 늘 만화책을 보낼 준비가 되어 있는 다이앤 버로스, 땡처리를 코앞에 두었던 예전 페이퍼백 판본의 재고분을 다시 사들이는 협상을 이끌면서 나에게 출판에 대해 몇 가지 교훈을 준 레싱 칸, 무명 만화가에게 기회를 준 명편집자 재키 오나시스와 낸시 에반스, 내 기분과 만화가로서의 긍지를 로켓처럼 붕 띄워준 나의 고민 해결사 에피 레더러('앤 랜더스'의 본명), 재키를 소개해준 칼 카츠, 칼을 소개해준 비크럼 자얀티, 처음 뉴욕에 왔을 때 도와준 에스더 미트강, 일이 척척 돌아가게 해준 길버트 셸턴, 길버트의 소망이 인쇄기를 통해 실현되도록 힘써준 프레드 토드, 본인은 몰랐겠지만 나에게 논픽션 만화에 대한 영감을 준 리우스, 리우스의 만화를 나에게 보여준 스티브 애틀러스, 스티브를 소개해준 제임스 애틀러스, 제임스를 소개해준 프랜신 프로즈, 대학을 졸업하고 그만둔 만화를 나더러 다시 그려보라고 한 킴 스테이플리, 어린 시절 일요판 신문에 실렸던 멕시코 출신 만화가 구스타보 아리올라의 고르도 만화를 나에게 읽어준 아버지, 『세상에서 가장 재미있는 세계사』를 빨리 좀 그리라고 다그친 어머니, 싫증도 안 내고 상냥한 얼굴로 도와준 모모 저우, 나에게 기운을 주고 물어보면 의견도 주고 수많은 점심을 함께 한 화실 친구들 팻 코렌, 로리 스미스, 로리 위검, 앨리슨 우드, 빌 폴크먼, 조던 올샨스키, 댄 허빅, 고마운 게 너무 많아서 일일이 밝힐 수가 없는 아내 리사 골드슈미트와 우리 딸 소피와 안나, 그리고 캘리포니아 웨스트마린의 푸른 절벽 위에서 끊이지 않고 고요하고 생산적인 시간을 보낼 수 있게 해준 피터 반스 이하 메사 망명단 동호회에 각별히 감사드린다. 재판을 찍을 때 끼워넣을 수 있는지 알아볼 테니 혹시 이 사람이 까먹은 분이 있으면 알려주시기 바라옵나이다!

1
총, 황금, 선의

콜럼버스로부터 3세기가 지나자
유럽의 식민지 쟁탈전에서 승부가 가려졌다.
승자는 지구를 한 바퀴 도는 제국을
건설한 영국이었다.

주인이 된 손님

옛날 옛적 중국이 젊었을 때는 나라를 다스리던 집안이 무너지면 큰일나는 줄 알았지만, 2천 년이 지나자 그런 일은 정상으로 보이기 시작했다.

그 나물에 그 밥 아니겠어요!

조정은 자꾸 부패해지고, 관직에 오르는 내시*는 너무 많아지고, 군벌은 반란을 일으킨다. 한때는 충성을 바치던 장수가 반역자로 돌변하고 (대개는) 북방에서 이민족이 쳐들어온다.

맨날 똑같은 스토리…

명나라는 1600년대에 이런 일을 겪었다. 명나라의 내시 재상은 내시로만 구성된 군대까지 거느렸다. 반란을 일으킨 군벌을 내시 군대가 무슨 수로 당하겠는가.

휴… 차라리 여군이 낫지!

1644년 반군은 베이징까지 몰려와서 왕조를 무너뜨렸다. 황제는 측근들과 함께 목을 매달아 자살했다.

이건 좀 지금까지 봐온 스토리와 다르네…

지도자는 추종자들을 챙겨주지만 추종자들은 곧 자기 식구까지 챙겨달라고 요구한다. 아들에다 딸에다 손자 손녀까지 챙겨야 한다!

헉꺽!!

중국의 황제들은 내시를 고관으로 앉혀서 이런 문제를 '해결'했다. 내시는 거둬먹여야 할 자식이 없으니까 황제로서는 부담이 없었다.

머리 좀 썼죠.

출세를 노리는 수많은 건아들이 제 발로 칼날 앞에 섰다. 조정에 들어오려고 거세한 지원자가 얼마나 많았던지 명나라 때는 작은 군대를 하나 만들 정도였다.

하지만… 남성 호르몬 없이 군대가 굴러가나요?

여기를 뚫으니 저기가 막히누나…

몽골족이 그랬던 것처럼(3권 248쪽을 참조하시길!), 만주족도 한족을 부렸지만 거리를 두었다. 그래도 한족 남자는 충성을 나타내는 뜻으로 만주식으로 앞머리를 싹싹 밀고 뒷머리는 길게 땋아내리는 변발을 해야 했다.

그동안에도 중국은 필리핀을 통해서 멕시코 은과 페루 은을 줄곧 수입했다. 스페인 상인들은 필리핀을 거점으로 삼고 은과 중국 물건을 맞바꾸었다. 그러나 중국인은 은괴는 받아들여도 염치를 모르는 스페인인은 받아들이지 않았다.

1660년대에 만주족 황제 강희제는 뭔가 바칠 만한 것이 있으면 한번 바쳐보라고 바깥 세상에다 색다른 제안을 내놓았다. 강희제는 외국인에게 문호를 열었다.

예수회 신부들은 흠천감이라는 천문학 부서를 이끌었고 대포 만드는 법도 가르쳐주었다.

기독교는 황제를 등에 업었다. 교회가 여기저기 들어섰고 관리들도 개종했다.

온 세계를 누빈다는 원칙 아래 예수회는 1700년대 초 티베트에까지도 데시데리 수사를 전도사로 보냈다.

데시데리는 티베트어를 배워서 불교 경전을 라틴어로 번역하고 티베트 승려들과 철학 논쟁도 많이 벌였는데 대부분 궁지에 몰렸다.

데시데리는 헷갈렸다. 티베트 승려의 말에도 일리가 있었다. 사람들은 그가 악마의 역성을 든다고 비난했고 예수회 전체가 욕을 얻어먹었다. 결국 교황은 데시데리에게 티베트에서 철수하라는 명령을 내렸다.

다음 황제 옹정제는 두통거리를 물려받았다. 그에겐 왕위를 노리는 형이 셋이나 있었다.

기독교를 등에 업은 정적도 있었다. 옹정제는 꿍꿍이를 품은 이질적 세력으로 보고 종교를 달가워하지 않았다.

"어딜 감히 기어오르려고!"

그래서 기독교를 금지시키고 유럽인을 중국에서 몰아냈다.

"평화를 바란다면, 꺼져다오!"

그렇지만 은은 들여와야 하니까 광저우 항구 한 곳은 열어두었고 유럽인은 이곳에서 거래했다.

"제발 부탁인데, 대화는 사절이야!"

제국은 평화와 번영을 누렸다. 1750년대에 기근이 덮쳤지만 조정은 없는 백성에게 쌀을 안겨주었다. 아무도 굶어죽지 않았다.

"뭘 그 정도 갖고. 기독교 나라에서도 당연히 우리처럼 하겠지 뭐!"

튀김이 웬수

일본도 기독교를 처음에는 따뜻하게
맞아주었다가 나중에는 짓밟았다.

날강도 회사

인도에서는 무굴 제국이 아직도 델리를 거점으로 찬란하게 빛났지만 1600년대 말에 지방이 하나둘 떨어져 나가면서 처지가 점점 옹색해졌다.

도대체 청소부는 왜 코빼기도 안 보이는 것인가, 승상?

올해는 예산 부족으로 못 쓴다고, 동서남북을 호령하는 폐하께 아뢰오.

무굴 제국에 충성을 바치는 나와브, 곧 태수도 작은 왕처럼 군림했다. 가령 벵골, 비하르, 오리사의 나와브였던 시라지 우드-다울라도 그랬다.

1756년 이 23세의 귀족은 나름대로 뜻한 바 있어 캘커타에 있던 영국 동인도회사를 치기로 마음먹었다.

너무너무 못돼먹었거든요!

그의 불만은 동인도회사가 사업체가 아니라 마치 독립된 권력처럼 굴면서 세포이라는 인도인 군대까지 거느리고… 세금은 잘 안 내면서… 정치에 허구한날 끼어든다는 것이었다.

아주 악질이죠!

실은 바로 그때 동인도회사는 시라즈 우드-다울라를 몰아내고 후임에 누구를 앉힐까 궁리 중이었다.

그분을 배신하고 내 잇속을 챙기라굽쇼? 응!

영국은 미르 자파르를 후임자로 고르고 여자로 변장한 밀정을 궁으로 들여보내서 어보를 훔쳤다.

암호는?
순익의 5프로!
들어와.

전쟁이 터지자 영국군 장교들은 수적 열세에 있던 세포이들을 아주 용감하게 지휘하는 척했지만…

사실은 태수 밑에서 싸우는 인도 군인들을 돈으로 매수해두었다. 그리고 1757년 6월 23일 플라시 전투에서 태수와 근위대를 전멸시켰다.

악질 중의 악질!
수고했수다!

영국 정부는 동인도회사가 멋대로 구니까 큰일이다 싶어 또 한 회사에게 인가를 내주어 인도에서 경쟁을 붙였다.

인가 멋대로 내주는 건 괜찮구?

인가를 따내느라고 새 회사의 투자자들은 영국 의원들에게 거액의 뇌물을 찔러주었다.

맞아, 국익을 위해서는 경쟁이 필요하다는 말이 가슴에 와닿네!
미 투!
미 쓰리!

뇌물에 들어간 돈이 너무 커서 새 회사는 사업을 시작한 이듬해에 파산했다.

경쟁이 효율적이라며?

그래서 미르 자파르가 벵골을 다스…렸을까?
동인도회사는 '마구 돈을 쓰면서' 벵골의 나라 곳간을 축냈다.

코끼리나 가져가슈!
뭘 먹이죠?

자파르가 따지자 영국은 자파르를 밀어내고 세금을 직접 거두기 시작했다.
회사는 정부가 되었다!

왕비만 있으면 딱이네!

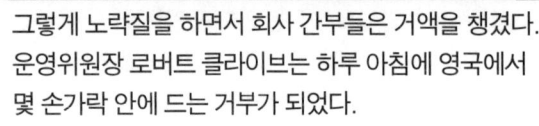

그렇게 노략질을 하면서 회사 간부들은 거액을 챙겼다.
운영위원장 로버트 클라이브는 하루 아침에 영국에서 몇 손가락 안에 드는 거부가 되었다.

동인도회사는 영역을 넓혀서
무굴 군대도 돕고
마이소르 왕국의 마하라자(왕)인 티푸 술탄의 야심을 꺾으려고 힌두교도 동맹인 마라타 연합에도 들어갔다. 그리고 재물은 칼같이 꼬박꼬박 챙겼다.

우린 엄연히 사업가거든요!

동인도회사 사람들은 노략질도 용의주도하게 해서 계약서까지 만들고 누가 몇 퍼센트를 먹는지까지 정해놓았다.

낯가죽이 좀 두껍다고나 할까요!

가령 미르 자파르와 거래를 할 때 그들은 아르메니아 출신의 중개인 코자 와지드를 이용하면서 와지드에게 수고한 대가로 지분을 보장하는 계약서를 써주었다.

나중에 가서 딴소리하기 없기예요!

그러고는 와지드에게 한푼도 안 주는 제2의 계약서를 몰래 작성하고는…
와지드가 제 몫을 요구하자 이걸 들이밀었다. 코자 와지드는 돌아버렸다고 한다.

사업가 말을 믿수?
나중에 가서 딴 소리하지 말라며? 미치겠다!
쯧쯧!

제임스 밀이라는 역사가가 회계장부를 들여다보니 동인도회사는 수익을 못 낸다는 결론이 나왔다. 버는 돈보다 쓰는 돈이 훨씬 많았기 때문이다!

왕궁, 병영, 별장, 제복, 무기 구입비, 군대, 하인, 요새 유지비도 엄청났지만 밑에서 착복하는 돈도 엄청났다.

망하지 않으려고 동인도회사는 인도 제후들의 곳간에서 '선물'과 벌금을 목돈으로 짜내야 했다.

선물 받는 거니까 가서 삭삭 긁어 와!

이렇게 탁탁 털었다가 나중에 곳간이 텅 비면 무슨 일이 벌어질까?

실제로 인도는 속수무책으로 가난의 늪에 빠져들었다.

이래 뵈도 전에는 태수의 시녀였거든요…

난 태수였는데…

영국의 회사 주주들은 불만이 컸지만, 이역만리에서 압력을 넣기는 힘들었다!

편지를 써도 반년 뒤에나 도착하죠.

들은 척도 안 하죠.

그렇지만 동인도회사 간부들은 결국 인도에서 신천지를 찾아낸다. 자세한 이야기는 다음에…

됐다!

노예만이 아니라 유럽인은 상아, 사금, 카페인이 함유된 아프리카의 콜라 열매를 사들였고 아프리카인은 옷, 장신구, 개오지 껍질, 화승총을 사들였다.

일본에서처럼 일부 부족 우두머리는 총을 많이 사들여서 다호메이, 아샨티 같은 꽤 규모가 큰 왕국을 정복했다.

노예 사냥꾼들도 총으로 무장하고 아프리카 내륙을 누볐다.

어찌나 많은 사람을 잡아왔는지 유럽이 미처 소화를 못할 정도였다.

"가격을 절반으로 깎아줘야 사지롱!"

그래도 노예를 사겠다는 아프리카인은 언제나 있었으니 아무 문제 없었다!

"여긴 누구나 노예를 부리거든요!"

"우리도?"

아프리카 노예상은 아주 팔팔한 노예만 아메리카로 보냈다고 한다. 팔팔한 노예를 아프리카에 두면 집으로 내뺄 가능성이 높았기 때문이다.

"그래도 잔머리 굴리는 건 백인을 못 따라가죠!"

"이제 가면 언제 오나 이제 가면"

오지에서 붙들린 노예는 노예상이 재고를 비축하는 동안 몇 달씩 쇠사슬에 묶여 지내야 했다. 그러다가 어느 날 행군령이 떨어진다.

못 먹어서 다리가 휘청거려도 일어나서 짐을 이고 굶주리면서 걸어야 했다.

"아침은 언제 나온대요?"
"그저께 아침에 나왔으니까 아마 모레 아침에 나올걸요…"

도착하면 노예들은 잘 먹였다. 그래야 좋은 값을 받을 수 있었다.

"너무 많이 먹는 거 아냐?"
"많이 먹는 것처럼 보여야 안 팔려가지…"

그러고는 마지막 작별을 하고 수출품들은 대기하던 배들로 알아서 수백 명씩 들어갔다.

"어머머… 정말 너무하다!"
"불평이 너무 많은 거 아닙니까?"

만사가 순조로우면, 악취가 진동하는 어둡고 비좁은 배 밑에서 사슬에 묶인 짐들은 6주에서 8주 만에 도착했다. 갑판에는 겨우 나가서 잠깐 바람을 쐬는 정도였다.

"코 골지 마라."
"너나 조용히 하시지?"

그런데 순조롭지 않을 때가 많았다. 도중에 짐도 승무원도 평균 25퍼센트에서 30퍼센트가 죽어나갔다!

"엄니, 바다가 밥 먹여준다고 배를 타라고 하시더니 제가 고기밥이 되네요…"

어둠과 계몽

유럽에 온 흑인 이민자의 대부분은 일터가 가까운 부둣가에 자리를 잡았다. 거기서는 폭넓은 지적 구상을 한다고 커피를 마시면서 열심히 떠들어대고 휘갈겨대는 사람들로 가득 찬 커피점을 보았을 수도 있고 못 보았을 수도 있다.

물리학, 화학, 전기학, 천문학에서 최근에 얻은 성과에 고무되어 이 철학자들은 사회를 합리적이고 '자연적인' 토대 위에 세우는 비결을 알아내고 싶었다.

뭘 드릴까요, 손님?

정답!

이런 운동을 계몽이라고 부르는 사람도 있었고, 무신론으로 부르는 사람도 있었다. 하지만 이 운동의 주역들은 종교에 대해서 꽤 복잡한 감정을 갖고 있었다.

"마지막 사제의 배짱을 가지고 마지막 왕의 목을 매달자!"

볼테르~

1765년 어느 날 그랜빌 샤프라는 청년이 할 일 없이 런던 거리를 걷다가 의사로 일하는 형을 불쑥 찾아갔다. 	거기서 샤프는 못 볼 것을 보았다. 조너선 스트롱이라는 노예가 주인한테 권총으로 얻어맞아 얼굴이 곤죽이 되어 있었다. 
스트롱의 말을 들어보니 런던에 온 자메이카인 농장주한테 죽도록 얻어맞았고 주인은 자메이카로 훌쩍 돌아간 모양이었다. "썩을 놈!"	조너선 스트롱은 완쾌되었지만 2년 뒤 런던을 다시 찾은 전 주인의 눈에 띄었다. 
농장주는 자기 재산을 되찾을 뿐이라면서 깡패들을 써서 조너선을 납치했다. 	그동안 글을 익혀두었기에 조너선은 샤프 형제에게 사정을 글로 알렸다. 	그랜빌 샤프는 바로 행동에 나섰다! "심심한데 잘 됐다!"

회의 소집

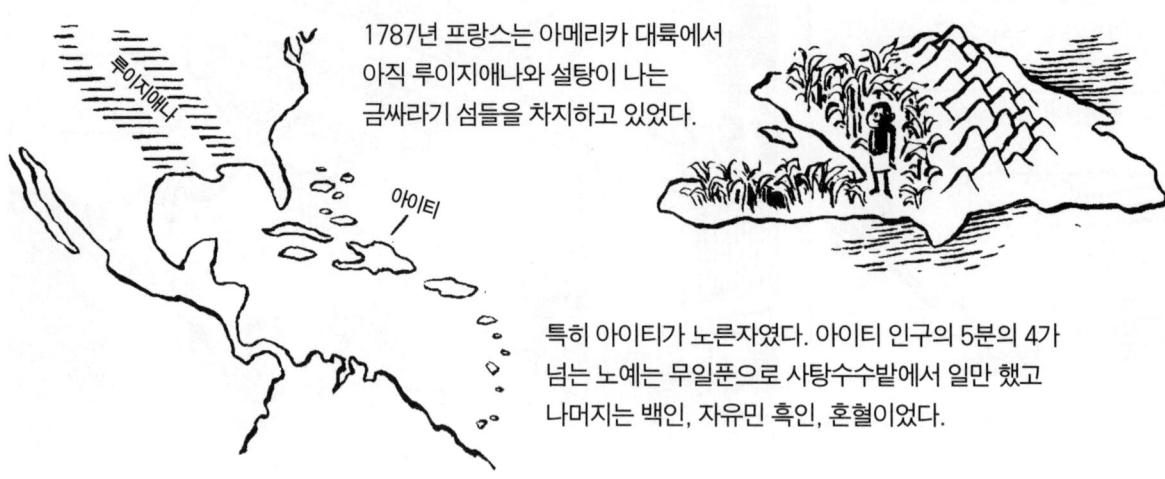

1787년 프랑스는 아메리카 대륙에서 아직 루이지애나와 설탕이 나는 금싸라기 섬들을 차지하고 있었다.

특히 아이티가 노른자였다. 아이티 인구의 5분의 4가 넘는 노예는 무일푼으로 사탕수수밭에서 일만 했고 나머지는 백인, 자유민 흑인, 혼혈이었다.

설탕을 팔아서 번 돈은 프랑스로 꾸준히 들어갔으니 아이티는 가히 노른자였다.

> 내 눈엔 노른자는커녕 흰자도 안 보이네요…

그래도 프랑스는 한푼이 아쉬웠다.
막 독립한 미국을 돕다 보니 곳간이 비었다.
왕은 다시 돈을 여기저기서 빌렸다.

당신 왕관부터 파는 게 어떨까요?

당신 모자는 어떻구?

나 왕 맞아?

아이티에서 들어오는 돈은 루이 16세의 간에 기별도 안 갔다.
그렇다면 누구한테 세금을 걷을까? 쥐꼬리만 한 땅을 부쳐먹는
굶주린 농민? 가뜩이나 기존의 세금과 규제에 짜증을 내는
사업가? 세금을 안 내는 것이 관례인 귀족과 성직자?

왕은 고민에 빠졌다.

결국은 우리한테 덤터기를 씌우겠지…

돈 문제를 해결하려고 재무대신을 잇따라 영입했지만
야심찬 계획은 모두 불발탄으로 끝났다.

그들은 먼저
투표 절차를
놓고 입씨름을
벌였다.

거기서 심판도 없고 볼보이도 없는 가운데 그들은 실력 행사에 들어갔다. 뜻이 관철될 때까지 죽어도 같이 움직이기로 다짐했다. 이 '테니스코트 서약'은 당시로서는 엄청난 용기가 필요한 행동이었다.

이렇게 공세로 나오자 루이는 조금 물러서면서 평민들의 회의실을 열어주었다. 하지만 파리의 질서를 잡으려고 군인 2만 명을 동원했다.

"테니스코트도 잘 지키고!"

하지만 자유분방한 성직자와 귀족도 왕에 맞서, 평민들과 합세해 국회라는 것을 조직했다.

"어딜 만집니까?"

이상주의에 물든 귀족들은 진한 형제애를 느끼면서 자신들의 특권을 없애기로 결의했다.

"우리도, 진작부터, 흑흑, 세금을 내고 싶었어요!"
"저두요!"

국회는 '국민군'을 조직해서 무장했다. 국민군 지도자는 미국의 독립전쟁을 도운 라파예트 백작이었다.

"자기 잇속만 챙기는 사람이지!"
"어떻게 알죠?"
"나하고 하는 짓이 비슷해서 말이야!"

루이는 싸우기보다는 참모들을 잘랐다.

"나만큼 화끈하고 결단력 있는 왕도 없죠, 사람 자르는 데!"
"욕봤네들!"

공세로 나선 국민군은 정치범이 갇혀 있던 파리의 바스티유 감옥을 공격했다.

"나중에 우리를 정치범으로 가두지 못하도록 아예 감옥을 없앱시다, 여러분!"

한편 파리에서는 새 정부의 기본 원칙을 놓고 국회에서 토론이 벌어졌다. 먼저 프랑스 국민을 정의할 필요가 있었다.

방청석에서 뱅상 오제라는 아이티인이 자기 같은 유색인도 아이티의 충직한 프랑스인으로 동등한 권리를 누릴 자격이 있다고 말했다.

오제를 내쫓은 다음 국회는 모든 인간은 자유롭고 평등하게 태어났다는 감동적인 선언문을 낭독했다.

그리고 프랑스 국민의 15퍼센트에게만 투표권을 주었다.

한편 파리 시민들은 교외의 왕궁으로 몰려가서 수십 명의 근위병을 죽이면서 투표권 없이도 할 수 있는 일이 많다는 것을 보여주었다.

그들은 왕족을 '호위'하여 파리로 데려왔다. 국민의 목소리와 불만을 조금이라도 가까이에서 들어달라는 뜻이었다.

시민의 자격을 둘러싼 논쟁에 끼어들었다가 쫓겨난 뱅상 오제는 해방의 꿈을 품고 아이티로 돌아왔다.

안 돼 했을 때 왜 안 되느냐고 따질 줄 아니까 사람이 위대한 겁니다!

오제는 유색인 자유민을 규합해서 완전한 시민권과 참정권을 요구했다.

협상이 결렬되자 오제는 지지자들과 함께 백인 통치자들을 상대로 게릴라전에 들어갔다.

백인도 사병을 조직했고 몇 달 동안 싸움이 계속됐다.

1791년 초 오제가 적에게 붙들렸다.

백인들은 본때를 보이려고 지독한 고문으로 오제를 처형했지만…

그것은 오판이었다! 자유민들 사이에서 알력이 생기자 노예들은 기회를 잡았다. 8월 중순 부두교 집회에서 노예들은 반란을 일으키기로 결의했다.

일주일 동안 기별이 조용히 퍼졌다.

8월 21일 아이티 전역에서 노예들이 들고 일어나서 주인, 주인의 아내, 주인의 자식, 주인의 강아지를 죽였다.

같은 노예끼리 너무하시네!

동원할 수 있는 무기는 다 동원해서 반란군은 무기고를 장악하여 총, 검, 군복을 차지했다.
공격조를 만들어서 농장에 불을 질렀고 섬 전체는 삽시간에 고기 타는 냄새로 진동했다.

프랑스의 루이 국왕은 국회가 만든 새 헌법을 막 승인하려다가 이 소식을 접했다.

1791년 9월 프랑스 정부는 1만 8000명의 병력을 아이티로 투입했지만, 실제로 명령에 따른 병사는 6000명이었다.

아이티가 망하기 전에 우리가 망하겠네!

국민공회가 파리 시민에게 군대에 합류해서 프랑스를 지켜달라고 호소하자…
시민들은 너도나도 자원 입대해서 오스트리아군을 몰아냈다. 시민들 자신도 놀랐다.

국가의 적들은 파리에서 기요틴 박사가 새로 만든 신형 작두 '기계'
앞에 끌려갔다. 지금까지는 살벌하게 도끼로 두세 번 내리치는
경우가 다반사였지만 이제는 묵직한 칼날로 단칼에 목을
날렸다. 국민공회는 수없이 목을 날리더니 1793년
1월에는 루이 국왕까지도 처형했다.

프랑스는 영국에 선전포고를 하더니 교회까지 공격했다. 국민공회는 사제들에게 국가 공무원이 되어
혁명에 충성한다는 서약을 하라고 명령했다. 그러자 농촌은 발끈했다.

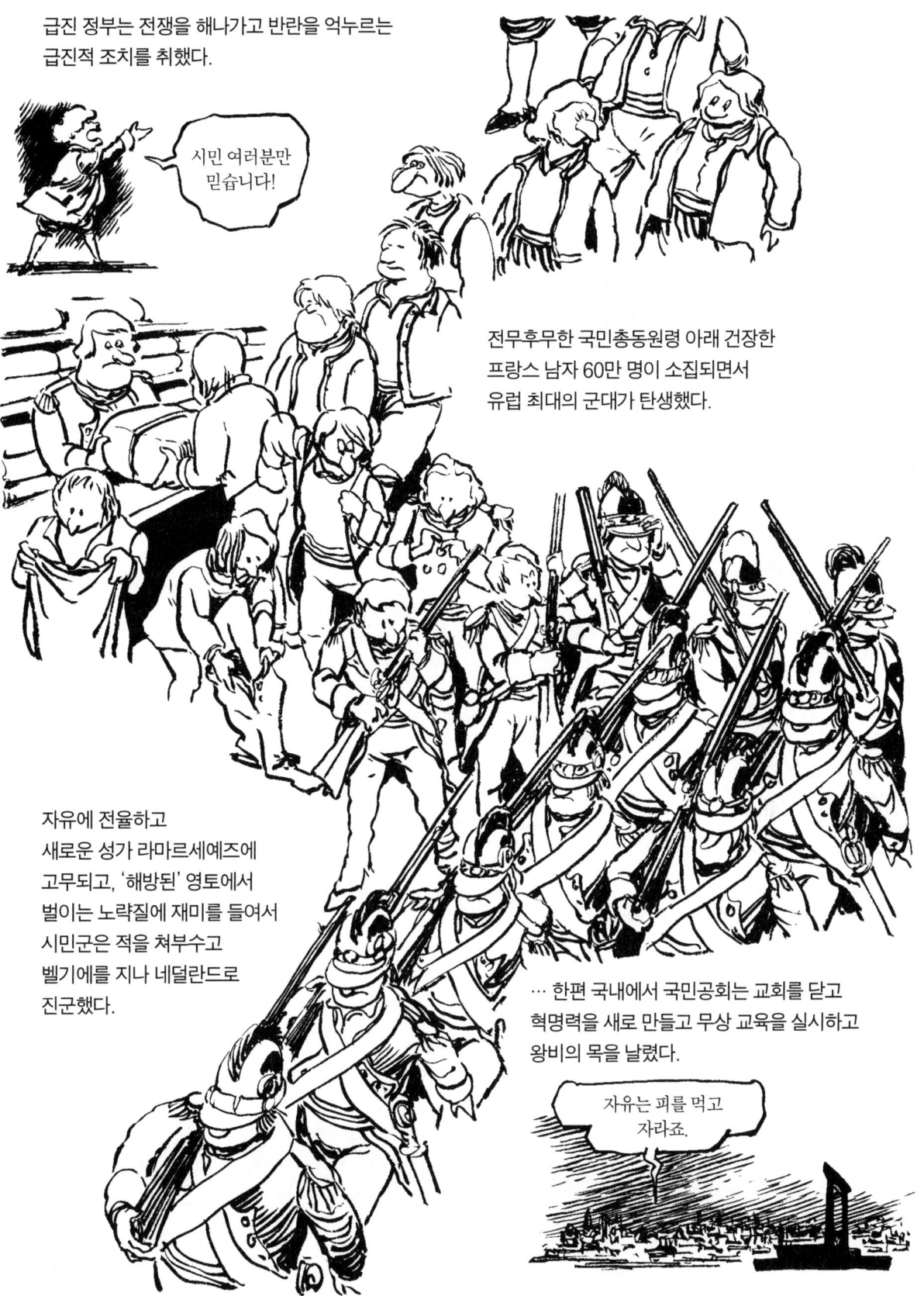

1795년 시민군은 유럽을 공포로 몰아넣었다. 해마다 팔팔한 18세 젊은이로 충원하고 능력 본위로 장교를 승진시키는 프랑스 군대는 네덜란드를 격파하고 이탈리아도 태반을 손에 넣었다.

이탈리아 원정에서는 나폴레옹 보나파르트라는 포병 장교가 단연 돋보였고 본인도 그렇게 생각했다.

정말 나 맞아?

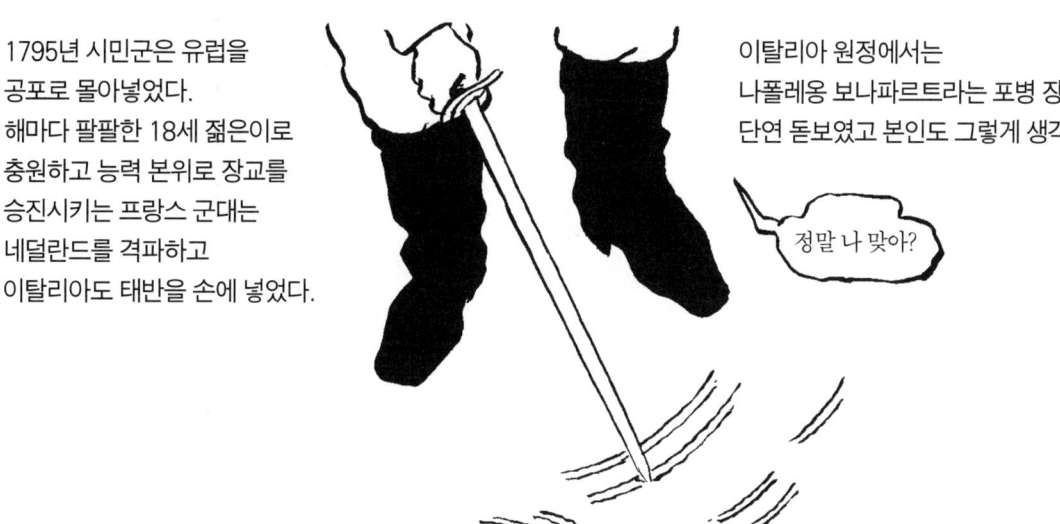

보나파르트는 전세를 파악하는 통찰력, 철저한 대비, 놀라운 열정, 발 빠른 움직임, 자신감, 위기 속에서도 흔들리지 않는 냉정함으로 연전연승을 거두면서 프랑스 정부의 눈에 들었다. 특히 마차에 돈을 잔뜩 실어 파리로 보낸 것이 주효했다.

1798년이 되면 나폴레옹은 육군 사령관이 되어 군대를 어디에나 투입할 수 있는 재량권을 얻는다.

싹 털어오라 이 소리죠!

나폴레옹은 이집트가 마음에 들었다. 그래서 육군과 해군, 수십 명의 과학자, 측량사, 학자를 거느리고 침공을 개시했다.

역시 난 바다 체질은 아냐!

나폴레옹은 뭍에서는 날고 기었지만
알고 보니 물에서는 맥을 못 추었다.
프랑스 함대는 구멍을 보였고
영국 해군은 그리로 파고들었다.

영국의 허레이쇼 넬슨 제독은 괴팍한 명장이었다.
넬슨 밑에서 함장들은 많은 재량권을 누렸고
아부키르 만에서는 아내와 동승한 승무원도 여럿 있었다.
그중에는 만삭인 임산부도 있었다.

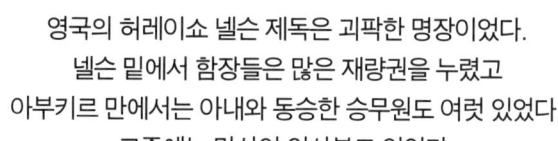

하루 종일 격전을 벌인 끝에
영국은 이겼고 옥동자도 태어났다.

쉽게 말해서 '계몽' 혁명이
독재자를 낳았다!

축하해요! 여러분은
이제 제 밑에서 모두 평등합니다!

나폴레옹은 부지런한 독재자였다!
법전, 도량형, 수학, 과학, 기술, 예술, 재정까지 사사건건 챙겼다.

어이고 두야!
또 그놈의 재정!

역시 재정이 문제였다. 재정을 해결하려면
설탕에 세금을 물려야 했다. 설탕에 세금을 물리려면
설탕이 있어야 했다. 설탕을 가지려면
아이티를 가져야 했다.

배신당한 아이티

1791년 이후로 아이티에서는 많은 일이 벌어졌다.

노예 반란은 백인, 흑인, 혼혈 사이의 3파전을 만들어냈다.

프랑스 정부는 뱅상 오제의 말이 진실이라는 것을 진작에 깨달았다. 오제에 따르면 백인은 대체로 독립을 열망했고… 노예는 프랑스에는 관심이 없었고… 혼혈만이 다른 두 집단으로부터 자기네를 프랑스가 지켜주기를 바랐다.

"우리의 불찰이었구먼."
"우리도 이런 일은 처음이라서…"

1792년 중반 프랑스 국회는 우여곡절 끝에 혼혈에게 시민권을 주기로 하고 레제 송토낙스를 특사로 아이티에 보냈다.

"이번에는 믿어보라고 잘 전해!"

외교적 수완이 뛰어났던 송토낙스는 새 시민들을 금세 프랑스 편으로 끌어들였다.

"자유와 평등에다 총까지 다 드리지!"

혼혈은 프랑스 편에 서서 백인 반군을 누르고 노예 군대를 궁지로 몰아넣었다.

"프랑스 만세!"

그러나 프랑스가 루이 왕을 죽이고 전쟁을 벌이는 통에 영국이 아이티를 침공하자 혼혈은 혁명 세력과 사이가 틀어졌다.

"미쳤어 정말!"

혼혈은 송토낙스와도 갈라섰다. 노예 반군은 포위를 뚫고 산으로 달아났다. 송토낙스는 고민에 빠졌다.

"한번… 저질러봐…?"

나폴레옹의 꿈은 역시 거창했다.
프랑스 섬에 다시 노예제를 도입하고…
프랑스 땅 루이지애나에서 나는 곡물을
노예에게 먹이고… 영국을
카리브 해에서 몰아내는 것이었다.

꿈이 너무 야무졌나요?

그러나 루베르튀르가 잡혀가자 흑인들은 들썩거렸다.
프랑스군이 무장해제를 시도하자 또다시 한바탕 싸움이 벌어졌다.

1803년 나폴레옹은 마음이 달라졌다. 가까운 곳을 놔두고 먼 데서 고생할 필요가 없다는 생각이 들었다. 나폴레옹은 영국을 치기로 마음먹고 아이티는 놔주기로 했다.

두 마리 토끼를 잡으려다 가랑이가 찢어질 거 같아서요!

나폴레옹은 이번에도 보급품과 약과 탈출 수단을 안 주고 군대를 내팽개쳤다.

전시에는 수천 명쯤은 희생시킬 각오를 해야죠!

아이티를 포기하면 루이지애나도 필요 없었다. 그래서 프랑스가 북미에 갖고 있던 마지막 땅이었던 루이지애나를 1500만 달러에 (싸다!) 미국에 팔았다. 미국은 졸지에 영토가 갑절로 불어났다.

속이 다 후련하네!

나폴레옹은 여섯 달 뒤에야 아이티에 버려졌던 잔여 프랑스군을 구했다.

그러나 독재자는 앞으로 할 일이 너무 많아서 그런 데 미련을 두지 않았다!

2
자유무역

역겹고 섬뜩한 노예제의 역사에서 리버풀을 떠난 '종'이라는 노예선의 항해만큼
파문을 불러일으킨 사건도 드물었다. 1782년 말 수백 명의 노예를 실은 종 호는
항로에서 이탈했고 식수도 바닥났다. 병에 걸린 노예가 나타났고 병은 자꾸만 퍼졌다.
수십 명의 노예와 갑판원이 죽었다. 승무원들은 시신을 배 밖으로 내던졌고
루크 콜링우드 선장은 선주들이 입을 손실을 놓고 고민에 빠졌다!

화물이 죽으면 화주는 몽땅 잃는다.
하지만 배를 살리기 위해 화물을 내던지면
화주의 보험회사가 갚아준다.

별거 아니잖아!

그래서 콜링우드 선장은 살아 있는 노예도 몽땅 배 밖으로 던지라고 명령했다.

화주도 먹고는 살아야 인도주의를 실천할 수 있겠죠.

노예를 싹 바다로 내던지는 데 꼬박 사흘이 걸렸다.

너무 이기적인 거 아닙니까!

으아 어머니

종 호는 귀항해서 보험 청구를 했다. 133명의 노예에 1인당 30파운드의 피해 보상을 청구했다.

보험회사는 부득이한 조치가 아니었다며 보험금 지급을 거절했다.

살인자에게 피해 보상을 하는 것도 말이 안 되죠…

날강도!

선주들은 보험회사를 고소했고 배심원은 자 지종을 들었다.

물건을 처분하는 건 어디까지나 주인 마음 어쩌구 저쩌구… 선장의 독자적 판단 어쩌구 저쩌구… 보험회사의 농간이 어쩌구 저쩌구…

배심원은 금세 선주들의 손을 들어주었다!

정의로운 배심원님들께 선주들이 식사 대접을 하겠습니다!

샤프는 알고 지내는 변호사와 문필가를 규합했고,
얼마 안 가 팸플릿과 편지와 소장이 쏟아지면서 반노예제 운동의 새로운 물결이 일었다.

영국도 이제는 귀를 기울였다. 1783년 말이었으니… 영국은 아메리카의 식민지 열세 곳을 잃은 직후였다. 미국에서 '자유'는 사람을 팔고 사는 자유를 뜻할 수도 있었다. 물론 여기에 분개하는 사람도 있었다.

그래서 행동에 나선 사람도 있었다.

케임브리지 대학생 토머스 클라크슨은 1784년 노예제에 반대하는 에세이로 상을 받고 노예제 폐지에 헌신했다.

소장 국회의원이었던 윌리엄 윌버포스도 1784년에 '어메이징 그레이스'(놀라운 은총)라는 곡을 쓴 노예 출신의 개신교도 선장을 만나고 나서 운동에 뛰어들었다.

의사에서 정치인으로 변신한 제임스 렘지도 같은 해 카리브 해에서 본 노예의 끔찍한 실태를 글로 고발했다.

렘지는 노예제에 반대하던 찰스 미들턴 경이라는 귀족한테서도 후원을 받았다. 미들턴과 아내 마거릿은 운동가들의 모임을 주도하면서 노예제 폐지 운동을 불붙이기 위한 계획을 짰다.

클라크슨은 문서고를 뒤지고 항구를 다니면서 만행을 기록했다. 그가 그린 노예선 짐칸 모습은 지금도 기록에 남아 있다.

"백문이 불여일견 아니겠습니까!"

구스타부스 바사는 노예로 고생하던 시절의 수기를 써서 클라크슨과 강연을 다녔고 베스트셀러 작가가 되었다.

"저도 한고생 하는 작가인데 이거 너무 불공평한 거 아닙니까?"

교회와 모임에서 운동가들은 노예무역에 반대하는 청원서에 서명을 받았다.

"서명해야죠! 노예제는 몰라도 노예무역에는 반대해야죠. 그래야 노예의 재산 가치가 올라가죠!"

1788년 윌버포스는 3만 명의 서명을 받아서 노예무역을 금지하는 법안을 의회에 냈다.

 바사는 수기에서 자기는 감비아에서 올로다 에퀴아노라는 이름으로 태어났다고 썼다. 생지옥 같은 아프리카 노예시장과 항해 체험에 대해서도 자세히 적었다.

"악취… 무더위… 끔찍한 역병… 줄줄 흐르는 땀… 쇠사슬… 오물… 비명… 신음… 상상도 못 할 만행의 현장…"

그런데 훗날 한 연구자가 올로다 에퀴아노가 사우스캐롤라이나에서 태어났음을 암시하는 세례증명서를 비롯하여 두 개의 문서를 찾아냈다.

그렇다면 이 '수기'는 빌려온 것일까, 지어낸 것일까? 대개의 역사가들은 세례증명서도 진짜고 수기도 진짜라는 식으로 쓴다!

"모든 수기에는 줄거리가 있고 줄거리는 엮어지는 거니까 너무 따지지 말란 말씀?"

"아니. 우리도 이력서에다 맨날 그런 장난 치거든…"

1805년 중반이면 나폴레옹의 침공 계획은 틀이 잡혔다. 영불해협에서 적함을 몰아내고 바지선으로 아군을 실어나를 생각이었다.

(귀에 익지 않은가? 1588년 스페인 아르마다 함대도 똑같은 작전을 폈다.)

하지만 언제? 어떻게? 영국 해군은 프랑스군을 차단했고, 프랑스 함대는 쪼개졌다. 모두가 출구를 찾아 우왕좌왕했다.

마침내 프랑스군은 스페인 동맹군을 찾아냈고 10월 5일 트라팔가 곶 해역에서 나폴레옹의 저승사자 넬슨♪이 이끄는 영국군과 맞붙었다.

넬슨은 떨어지는 파편에 맞아 중상을 입었지만 알아서 척척 움직이는 장교들이 이번에도 프랑스 함대를 격침시켰다.

허레이쇼 넬슨의 정부는 넬슨의 본처와 한 집에 살아서 런던을 충격과 당혹으로 몰아넣었다.

가난한 집에서 태어난 에이미 라이언스는 십대에 매춘부가 되었고 에마 하트라는 이름으로 유명한 그림 모델이 되었다.

어찌어찌 이탈리아 나폴리까지 흘러가서 거기서 자기보다 나이가 훨씬 많은 영국 대사 해밀턴 경과 결혼했다.

나폴리에서 그녀는 획기적인 솔로 공연으로 유럽의 엘리트를 휘어잡았다.

1798년 아부키르 만 전투를 끝낸 뒤 넬슨은 나폴리로 왔는데 에마는 이빨도 없고 팔도 하나뿐인 전쟁 영웅과 눈이 맞아 야반도주했다.

넬슨이 죽자 에마 해밀턴은 쫄딱 망했다. 친딸하고도 대판 싸움을 벌이더니 결국 49세에 간질환으로 죽었다. 그녀의 무덤에는 변변한 묘비 하나 없다.

한편 나폴레옹의 지상군은 공세에 나섰다. 트라팔가 이후 프랑스군은 프로이센, 러시아, 오스트리아 군대를 얼어붙은 아우스터리츠 벌판에서 격파했다.

이제 프랑스는 유럽을 지배했다. 나폴레옹의 요청으로 겁에 질린 교황은 그를 황제로 만들어주었다.

떨지 마소! 머리 긁히잖아!

후퇴하던 러시아 군대는 프랑스 포병대가 얼음을 박살내서 얼음장 같은 물속에 빠졌다.

스페인에서 반왕정 반란이 일어나자 새로 등극한 페르난도 7세는 나폴레옹에게 도움을 요청했다.

도와주세요! 전 어려서 순진해요! 어벙해서 잘 몰라요!

나폴레옹은 거들먹거리면서 페르난도를 투옥하고 자신의 형 보나파르트 조제프를 왕좌에 앉혔다.

이 맛에 남을 돕나 보오! 안에서 기다리시게.

음냐… 네.

마드리드는 새로운 통치자를 폭동으로 맞이했지만 프랑스군은 사정없이 진압했다.

스페인 전역에서 병사와 시민은 프랑스와 싸우기로 다짐하면서 지지 대상을 자꾸 바꾸었다.

자유를 위해서! 왕을 위해서! 좌우단간 위해서!

나폴레옹은 25만 병력을 스페인으로 보냈고, 그 소란의 불똥은 스페인령 아메리카에까지 튀었다.

미란다의 결정

스페인령 아메리카는 나폴레옹의 스페인 침공에 엇갈린 반응을 보였다.

누구는 나폴레옹의 저돌성과 근대성을 숭배했고… 누구는 왕당파였고… 누구는 독립과 민주주의를 누릴 때라고 보았고… 누구는 독재자를 옹위하는 독립을 원했고… 생각이 각양각색이었다.

1810년 베네수엘라 카라카스에서 군사 지도자들은 독립을 선언하고 영국에 있던 프란시스코 데 미란다를 지도자로 추대했다.

1750년 베네수엘라에서 태어난 미란다는 (북)아메리카혁명에 뛰어들었고 프랑스혁명에서도 살아남았다.

미란다는 런던에서 '이성적 기사들의 결사'라는 정치 모임을 만들었다.
그리고 입법부와 잉카라는 종신 황제가 통치하는 통일 독립 남아메리카의 건국을 추진하면서 세력을 모았다.

1812년 막간극

전쟁과 평화

다시 유럽으로 돌아오면, 나폴레옹에게는 새로운 골칫거리가 생겼다. 러시아 황제가 평화 공세를 거부한 것이다. 나폴레옹은 행동에 들어갔다.

"말이 안 되면 주먹으로 가는 거죠!"

나폴레옹은 러시아로 돌진해서 (스페인에 25만을 박아놓고도 아직 35만의 여유 병력이 있었다) 도시 몇 개를 쓸어버리고 빠져나올 심산이었다.

"속도가 중요해! 돌진! 돌진!"

프랑스군은 원정 초기 보로디노에서 어렵게 승리를 거두었지만 희생도 컸다. 역사가들에 따르면 유럽 역사에서 하루에 이렇게 많은 병력이 죽은 예는 없었다.

(거기에는 이유가 있었다. 화력을 뿜어대는 적을 향해 대군이 진격하는 '현대' 전술을 쌍방이 모두 구사했다.)

나폴레옹이 지휘봉을 잡았지만 러시아군은 굴복하지 않고 후퇴만 했다.

"이건 아닌데!"

그리고 프랑스군은 추격했다.

"휴… 가도 가도… 끝이 없네…" "쟤네들은 잠도 안 자나!"

프랑스군은 남은 병력을 추슬러서 퇴각했다.
러시아로 떠난 백 명 중에서 세 명만 살아남았다.

나폴레옹은 자기 계획이 끝까지 옳았다고 우겼다.
"겨울이 추운 줄 내가 어떻게 알았냐고요!"

그때까지 나폴레옹은 병력을 거뜬히 모았지만, 신병 조달이 드디어 벽에 부딪쳤다.
아들을 잃은 어머니의 원성이 하늘을 찔렀다.
"앞으로는 쌍둥이를 낳으세요, 제발!"

이제 스페인, 오스트리아, 프로이센, 헝가리가 공세에 나섰고… 나폴레옹은 파리로 밀려갔다….

연합군은 추격을 계속하여 1814년 프랑스 황제를 체포했다.

그리고 이탈리아 해안에서 멀지 않은 엘바라는 작은 섬에 가두고 400명의 경호대만 붙여주었다.
"여기서 못 나가면 나폴레옹이 아니지…"

거기서 나폴레옹은 회고록을 쓰면서 자기가 남긴 유산을 곱씹다가 1821년에 죽었다.

나폴레옹이 남긴 유산은 통조림 말고도 많았다.

"이쪽 면에 적힌 건 나중에 보여줄게요!"

이집트 성각문자 해독
프랑스 과학 진흥
라틴아메리카 독립 촉발
아이티 독립
미국 영토 확장
지금도 사용되는 유럽의 성문법
프랑스의 약화

그렇지만 나폴레옹의 몰락은 유럽을 후퇴시키는 것처럼 보였다. 승리자들은 보나파르트 일가를 몰아내고 다시 예전의 왕족을 왕위에 앉혔다. 여론 정치는 끝났다. 스페인에서 왕으로 복귀한 페르난도 7세는 1812년 군사 지도자들이 작성한 헌법을 갈기갈기 찢었다.

"시민 좋아하시네, 전부 내 백성이야!"

페르난도는 스페인은 다시 손에 쥐었을지 몰라도 남아메리카는 되찾지 못했다. 벌써 반군이 베네수엘라 카라카스를 차지한 후였다.

자기 자신과 나폴레옹 말고는 아무도 존중하지 않았던 시몬 볼리바르 장군은 다른 군사 지도자들한테 자기를 '해방자'로 부르라고 고집했다.

제일 쿨한 사람 어때요? 제일 위대한 분은? 제일 거시기한 분은? 너무 약해!

카라카스에서는 콜롬비아를 정복하러 떠나는 볼리바르에게 갈채가 쏟아졌다.

안녕, 해방자 오빠!

바로 그거야…

한편 더 남쪽에서는 부에노스아이레스의 부두 노동자들이 들고 일어났다.

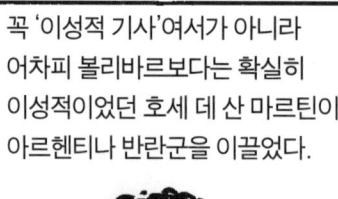

꼭 '이성적 기사'여서가 아니라 어차피 볼리바르보다는 확실히 이성적이었던 호세 데 산 마르틴이 아르헨티나 반란군을 이끌었다.

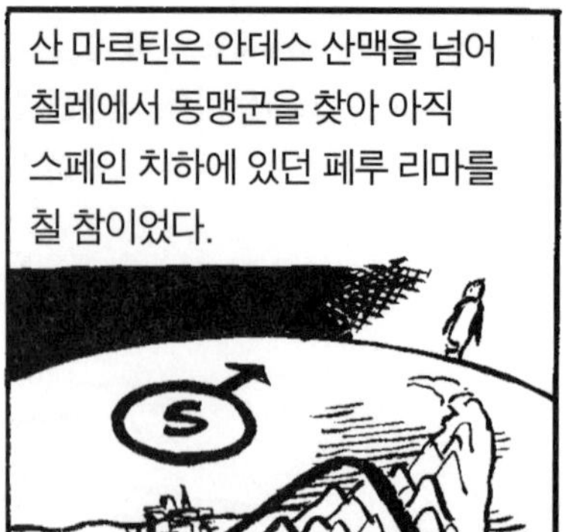

산 마르틴은 안데스 산맥을 넘어 칠레에서 동맹군을 찾아 아직 스페인 치하에 있던 페루 리마를 칠 참이었다.

그래서 북에서는 볼리바르가
남에서는 산 마르틴이 산악 원정에 나섰다.
(잉카인에게는 이 정도는 약과였지만 유럽인은 경악했다.)

용의주도했던 산 마르틴은 금세 칠레에 당도해서
이미 페루로 진격한 상태였지만, 용의주도하지 못한
볼리바르는 아직도 콜럼비아에 발이 묶여 있었다.

낭보이자 흉보입니다, 해방자님!
리마를 벌써 저쪽에서 함락했다네요!

1821년 중반 아르헨티나 칠레 연합군은
리마에 당도했고 군부는 페루 독립을 선언했다.

그리고 사람들이 그분을
'해방자'라고 부른다네요.

정치만 떠난 것이 아니라, 아예 남아메리카를 떴다. 산 마르틴은 배를 타고 유럽으로 가서 여생을 조용히 보냈다.

거기선 제 명대로 못 살겠더라구요!

볼리바르는 스페인 왕당파들과 자신의 반대 세력을 페루에서 짓밟았다.

결국 1825년 리마의 혁명 정부는 시몬 볼리바르를 페루의 독재자로 추대했다.

충성 충성 충성

이제 해방자는 북부 남아메리카를 규합하여 새로운 '대콜롬비아' 공화국을 만들 셈이었다.

주도권은 당연히 우리가 쥐어야죠.

제헌의회에서 갑론을박이 벌어지자 볼리바르는 이번에도 자기를 대콜롬비아 독재자로 만들었다.

그만하고 내 말 들어!

갈등을 누르려는 시도는 역효과를 낳았다. 볼리바르는 겨우 암살을 면했고 반란이 일어났다.

1830년, 독재자는 환멸을 느꼈다. 지치고 병든 몸으로 유럽으로 떠날 준비를 했다.

제 명대로 못 살겠더라구요…

짐은 먼저 프랑스로 보내놓고 아직 콜롬비아에 남아 있던 중, 시몬 볼리바르는 1830년 12월 세상을 떴다. 그가 염원하던 나라는 쪼개졌고 남아메리카는 독립은 했지만 분열되었고 그 뒤로 대체로 독재와 군사 통치와 쿠데타의 늪에 빠졌다.

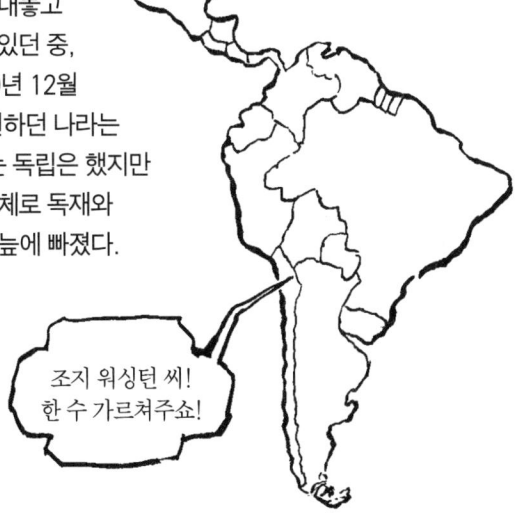
조지 워싱턴 씨! 한 수 가르쳐주쇼!

진보

나폴레옹이 떠난 뒤 유럽에서 왕과 의회가 밀고 당기는 제도를 가진 유일한 나라는 영국이었다.

허걱!

유럽의 왕들은 영국을 부러워했는데 그것은 어지러운 정치나 맛없는 음식 때문이 아니라 가공할 기계 때문이었다. 증기기관으로 움직이는 공장과 배, 기차가 그 주인공이었다.

예쁘기도 해라!

콜록 콜록 쿨럭

유럽은 기계가 낳은 것도 부러웠을까? 노동자들이 하루 12시간 동안 똑같은 반복 동작을 하는 '사탄의 공장'도 부러웠을까?

유럽은 검댕과 매연도 부러웠을까? 사람들을 구빈원과 사설 형무소와 이른 죽음으로 몰아넣은 폐병도 부러웠을까?

암, 부럽다마다!

유럽은 시골에서 도시로 모여들던 땅 없는 빈민들의 이동도 부러웠을까? 값싼 공장 제품에 밀려나는 수공업제품의 경쟁력 상실도 부러웠을까?♪

헥 헥 헥
헥 식식 헥

영국 공장은 깎아낸 양털을 종래의 거친 수직물보다 싸고 섬세한 모직물로 바꾸었고 소비자는 이것을 좋아했다. 하지만 집에서 일하는 수직업자는 싫어했다!

왕비 옷도 이렇게 보들보들하지는 않겠다!

거지 옷도 이렇게… 관둡시다…

일감을 잃은 수직업자들은 (네드 러드라는 동지의 이름을 따서) 러다이트 운동이라는 비밀 조직을 만들어 공장을 덮치고 기계를 박살냈다.

가만! 때려부수는 것도 노동은 노동인데 돈 받고 해야 하는 거 아냐?

오늘날 러다이트주의자 하면 대개는 골치 아픈 일을 부하 직원들에게 떠맡기는 기계치 상사들이다.

나까지 자연을 멀리하면, 세상이 너무 삭막하죠~

유럽의 왕들은 영국 산업에 활력을 불어넣은 것은 영국의 자유였음을 이해하지 못했다.
하지만 영국인은 그 점을 깨달았다. 영국 정부는 1820년대와 30년대에 다방면에서 자유를 넓혀나갔다.

결국: 새로운 공장 도시에서 뽑히는 의원이 없다? 선거구를 뜯어고쳐라… 노동자에게 빵이 너무 비싸다? 곡물법을 없애 값싼 외국 농산물을 수입하라… 정부가 사업가들을 홀대한다? 중산층에게 표를 줘라!

그래도 노예제 폐지는 충격이었다! 제국 안의 모든 노예 소유주는 하루아침에 재산을 날렸다.

지금 농담하시는 거죠?

아니거든!

정부는 노예 소유주의 손해를 물어주기 위해 2000만 파운드를 준비했지만, ♪ 그래도…

자메이카를 비롯하여 사탕으로 돈을 벌던 식민지는 수입이 뚝 떨어졌다.

너의 단맛은 나의 쓴맛, 너의 쓴맛은 나의 단맛!

그래도 영국은 떵떵거렸다. 정부는 2000만 파운드가 넘는 돈을 물어줘도 끄떡없었다! 공짜 노예를 안 부리고 월급을 꼬박꼬박 주면서도 돈을 벌었다. 도대체 어떻게? 어디서…?

성질도 급하셔… 좀더 읽어보시라니까!

노예를 풀어준 주인은 런던의 대리인을 통해서 보상금을 받았는데 대리인이 없는 사람은 난감했다.

우리처럼 규모가 작은 노예 소유주만 죽어나는 거죠!

가령 남아프리카의 네덜란드계 농부들인 보어인은 런던에 대리인이 없었다. 그래서 영국의 노예금지법에 대한 불만이 하늘을 찔렀다.

뿌드득! 빠드득! 뿌드득!

원래 네덜란드어로는 더 심한 욕이랍니다…

그래서 1834년 많은 네덜란드인이 노예와 함께 마차를 타고 영국의 손길이 안 닿는 내륙으로 '대장정'에 올랐다.

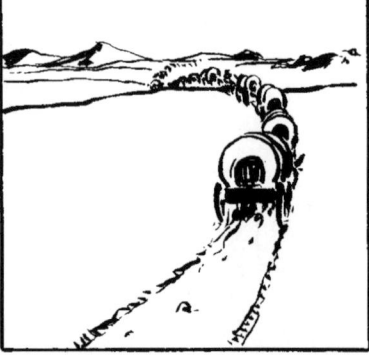

야심

1800년대의 벽두부터 영국은 꿈에 부풀었다. 자국 공장에서 만든 물건을 전세계에 팔아 거기서 번 돈으로 더 많은 공장을 짓고 더 많은 제품을 만들어 더 많은 돈을 버는 자유무역의 꿈! 바로 '해외 시장'의 꿈이었다. 1억 5000만 명의 고객을 가진 나라 중국은 영국에게는 꿈의 시장이었다.

그것은 심란한 꿈이었다. 중국은 물건을 좀처럼 사주지 않았다. 유럽인은 중국에서 비단, 도자기, 차를 수입했지만 중국은 은만 챙겼다. 중국으로 들어간 돈은 나올 줄을 몰랐다. 영국은 돈의 흐름을 뒤집어놓으려고 궁리를 거듭했다.

마침내 영국 동인도회사의 영악한 신사들은 돈의 흐름을 바꿔놓는 묘안을 찾아냈다. 그것은 참으로 무시무시한 방법이었다.

먼저 회사는 인도에 차를 심었다. 비용은 문제가 안 되었다.

영국은 이제 중국 대신 인도에서 차를 싸게 들여왔다.

동인도회사는 이어서 중국인이 살 만한 물건을 찾아냈다.

그것은 아편이었다.

동인도회사는 인도에 양귀비를 잔뜩 심어서, 봄베이의 끈적끈적한 싸구려 마약부터 마드라스의 말랑말랑한 모르핀에 이르기까지 다양한 등급의 아편을 만들어냈다.

1700년대 말, 동인도회사는 광저우로 아편 샘플을 보냈고 중국인은 맛을 보았다.

영국법은 동인도회사에게만 상품 거래권을 주었고 중국은 광저우 항구를 통해서만 수입을 허용했지만, 벌이가 좋다 보니 밀수꾼들이 법망을 피해 다른 곳으로도 마약을 실어날랐다.

마약은 꿈을 키워준다. 그래서 마약을 먹는 사람뿐 아니라 영국의 수출업자들도 일확천금의 꿈에 부풀었다!

이 맛에 뽕을 먹나봐요.

밀수꾼들은 윌리엄 자딘이라는 동업자를 통해서 영국 정부를 찔러보았다.

군침이 돌죠?

도는 정도가 아니지.

곧 영국 하원은 자유무역을 칭송하고 독점을 규탄한다.

동인도회사는 너무 비효율적이다!

맞아 맞아!

팔려면 제대로 팔아야지 말이야!

1838년 의회는 마약 무역의 문호를 모두에게 터주었다. 자유무역이 득세했다!

원칙이 그렇다는 얘기죠!

영국 배들은 마약을 잔뜩 싣고 중국으로 떼지어 몰려들었다.

1843년 중국은 항복하고 마흔 개가 넘는 항구를 유럽인에게 열었다. 홍콩은 영국의 차지가 되었다.
유럽인은 개항한 항구에서 유럽의 법으로 자치할 수 있도록 '허락'을 받았다. 기독교 선교사도 중국으로 복귀했다.
아편 무역을 포함해서 무역이 번창했다.

어디서 굴러먹었는지 모를 애송이가 어떻게 막강한 중국을 누른단 말인가? 어떤 사람은 만주 통치자들을 욕했다. 어떤 사람은 아편을 탓했다. 어떤 사람은 아편을 먹었다. 그리고 어떤 사람은 서양에 끌렸다.

가령 홍수전은 노란 수염을 기른 남자가 나타나서 자기를 '아들'이라고 부르는 아리송한 꿈을 꾸었다.

(홍수전은 '훙시우취엔'이라고 읽는다.)

중국 고전을 잘못 짚어서 번번이 과거시험에 낙방한 홍수전은 기독교로 돌아섰다. 그러자 세상 이치가 분명해졌다!

홍수전은 그러나 성경도 잘못 짚어서 자기를 중심에 놓고 사람들을 끌어모았다.

1851년에 홍수전은 만주 정권 타도와 아편 없는 '태평천국' 건설을 내걸고 군사를 일으켰다. 성경에 기반한 과거시험까지 갖추고 있었다.

도를 넘어섰다고 본 청 조정이 단속에 나서자 홍수전의 '태평천국' 군대는 청나라 군을 눌렀고 세상은 발칵 뒤집어졌다.

영국이 중국을 열심히 '여는' 동안 미국은 아직도 문을 닫아건 조선과 일본에 눈독을 들이고 있었다.

미국이 일본을 찍은 것은 동쪽에서 오면 일본이 제일 먼저 나오기 때문이었다.

1852년 미국의 요구 사항을 들고 여섯 척의 전함이 출발했다.

아주 싹싹 긁어 와!

1853년 7월 8일 이 거무튀튀한 괴선박들이 도쿄 만에 위용을 드러냈다.

자세한 내용은 나중에…

미국은 한때는 대서양에 접한 가느다란 땅덩어리였지만 1853년이면 강력한 태평양 함대를 거느렸다.

이 신생국은 처음부터 맹렬한 식욕으로 영토를 꿀꺽꿀꺽 삼켰다.

먼저 루이지애나가 굴러들어왔고 다음에는 스페인한테서 플로리다를 먹었다.

이어서 남동부에서 원주민을 '제거'하고 면화 농장을 조성했다.

텍사스… 오리건…

애리조나, 뉴멕시코, 캘리포니아를 먹기 위한 멕시코와의 '가벼운' 전쟁.

알고 보니 캘리포니아에는 산자락에 금이 있었다.

골드러시로 순식간에 샌프란시스코라는 도시가 태평양 연안에 불쑥 들어섰다.

어흑!

야심 많은 미국인은 여세를 몰아 계속 서쪽으로 밀어붙였다!

이랴 이랴!

아프리카 그 후

아메리카로 가는 노예가 줄어드니까 아프리카 농부들도 한숨 돌렸다고 생각할지 모르고… 실제로 조금은 그랬는지도 모르지만…

실제로 노예 사냥은 계속되고 있었다. 더 많은 '상품'이 북쪽과 동쪽으로, 곧 북아프리카와 아라비아로 보내졌다.

서쪽으로 보내진 노예도 있었지만 그쪽은 공급 과잉이었다.

서아프리카의 왕들과 상인들은 고민에 빠졌다. 사람 말고 무엇을 수출해야 한단 말인가?

정답은 (영국에 따르면) 야자유였다. 나무 열매에서 짜낸 야자유는 영국산 기계에 기름칠을 하는 데 쓰였다.

(물론 석유가 나오기 전의 일이다.)

영국의 유럽 경쟁국들은 이런 사업 방식을 베꼈다. 가령 프랑스는 영국이나 포르투갈이 아직 먹지 않은 아프리카 땅을 삼켰다.

물론 아프리카인은 저항했고 때로는 버티기도 했다.♪

비용도 그렇고 사람을 망치는 저열함도 그렇고… 식민지를 꼭 거느릴 만한 가치가 있었을까? 그런 일말의 의구심은 남아프리카의 밭에서 다이아몬드가 발견되면서 쑥 들어갔다.

줄루의 왕 샤카는 뿔이라는 전투 대형을 고안했다. 중앙을 이중으로 두텁게 하고 양날개가 먼저 진격하는데 모양이 소의 뿔을 닮았다.

중앙에서는 짧은 창을 든 병사들이 찌르면서 육박전을 벌이고 '뿔들'은 옆구리에서 적을 괴롭혔다.

중앙 후위의 증원군은 잔인한 살육전을 보면서 마음 약해지는 일이 없도록 등을 돌리고 대기했다.

세실 로즈라는 영국인이 아프리카에 눈독을 들였다. 그는 십대 때 케이프 지역에 와서 다이아몬드 열풍에 합류했다.

거구에 호인풍이었고 부지런을 떨었던 로즈와 동업자들은 채광권을 많이 사들여 드비어스라는 회사를 세웠다. 드비어스는 지금도 세계 최대의 다이아몬드 거래상이다. 나중에 로즈는 남아프리카 총리가 되었다.

로즈는 북부에 있던 마타벨레족과 전쟁을 벌이고 그 땅을 '로디지아'라고 불렀다. 케이프타운에서 카이로까지 아프리카를 남북으로 잇는 것이 로즈의 꿈이었다.

한편 벨기에의 레오폴드 왕은 콩고 강과 그 유역의 노른자 땅을 차지했다. 넓이가 520만 제곱킬로미터로 벨기에의 50배였다.

배후의 레오폴드 하수인들이 야생 고무를 채취하라고 콩고인을 얼마나 갈궜는지 천만 명이 죽어나갔다(과장이 아니다!).

1900년경 이 사실이 언론에 보도되자 브뤼셀의 콩고 행정청은 관련 서류를 24시간 동안 태웠다.

보일러 안에서 타는 서류로 후끈거리는 7월의 라디에이터.

세실 로즈는 금발에 파란 눈을 가진 젊은이를 편애한 인종 우월론자였다.

로즈는 세계를 조용하게 지배하는 파란 눈에 노란 머리를 가진 남자들의 범세계 비밀 결사체를 만들려고 했다.

그 준비 작업으로 옥스퍼드 대학에 로즈 장학금을 만들어 장래가 촉망되는 금발 청년에게 주었다. 나중에 이 제한 조건은 없어졌다.

할 이야기는 이밖에도 많아요. 초인에 가까웠던 보어인 지도자 폴 크루거라든가 줄루의 왕들이라든가 마타벨레의 왕 로벤굴라라든가…. 하지만 아프리카를 확 뒤집어놓은 것은 누가 뭐래도 로즈와 레오폴드의 만행이었죠.

아무튼…

1880년이면 유럽인은 아프리카에서 부딪치기 시작했다. 영국의 로디지아는 포르투갈의 앙골라와 충돌했다. 프랑스는 레오폴드의 콩고 일부를 먹으려고 했다.

어허!

하지만 아프리카는 넓었다! 싸울 이유가 없었다!

땅은 확 트였고… 우리는 화통하잖아!

자, 화끈하게 한 잔!

1884년 유럽의 쟁쟁한 고관들과 귀족들과 왕 하나(당근 레오폴드)와 그들의 하나같이 비아프리카인으로만 이루어진 수행원들이 '아프리카 문제'를 해결하기 위해 독일 베를린에 모였다. 사이좋게 나눠먹자는 소리였다.

가난한 척하지 맙시다, 전하…

3
근대란 무엇인고

여러 세기 동안 일본은 세계와 거리를 두었다. 그것은 어렵지 않았다.
세계가 워낙 멀었기 때문이다. 일본의 최고 군사지도자인 쇼군은
네덜란드만 빼고 모든 유럽인을 내쫓았고 중국을 멀찍이서 존중했으며
조선을 틈나는 대로 약탈했다.

일본 안에서는 많은 군소 영주들이 곧 다이묘가 독자적으로 군대를 거느리고 각자의 영지와 성을 다스렸다. 하지만 쇼군의 중앙정부인 에도(지금의 도쿄)의 막부에는 세금을 바쳤고 경의를 표했다.

에도에서 수백 킬로미터 떨어진 교토에는 천황이 아직도 조정을 유지했다. 쇼군 덕분에 천황과 조정은 웅장한 궁궐과 화려한 의상과 우아한 정원을 만끽하면서 갖은 의식을 치르느라 바쁘게 살았지만 실권은 하나도 없었다.

그렇게 200년 동안 이 체제로 굴러갔다. 이러한 긴 평화의 시대에 아이들은 무럭무럭 자라서 더 많은 아이를 만들어냈고 1700년대 말이면 나라가 사람으로 북적거렸다. 굶주린 농민들이 여러 차례 들고 일어났지만 실속이 없었다. ♪
그래서 유럽인들이 다시 몰려왔을 때 일본인은 이미 불만에 차 있었다.

중국도 일본도 이 무렵 늘어난 입을 먹이느라고 애를 먹었다.

애 많으면… 애 먹어요…

그래도 역사가들은 인구 수준과 생태학 요인을 무시할 때가 많다. 학자들은 아무래도 정치적 설명을 더 편하게 여긴다.

생태학은 너무… 동물스럽잖아요!

인간은 원숭이의 모방 본능을 넘어섰답니다…

그래요? 원숭이처럼 호두를 잘만 까드시네요!

지금은 역사학도들이 넘쳐나고 구직난이 심해서 많은 이들이 인구 문제의 중요성을 알고 있다!

과잉 인구로 모든 게 설명되네…

표절하지 마! 내 아이디어야!

그래서 결국 일본은 중국처럼 문호를 열었다. 서양인은 지정된 항구들에서 세금도 많이 안 내고 자기네 법을 따르면서 (당연히) 기독교도 전도했다.

특히 서양인들이 본격적으로 배를 타고 들어오기 시작하면서부터 일본인의 분노는 끓어올랐다. 한 부둣가에서는 난투극이 벌어져서 프랑스 선원 15명이 살해당했다.

많은 일본인은 구심점을 잃은 중앙정부가 나라에 대한 통제력을 상실했다고 느꼈다.

쇼군이 없으니 천황 혼자 일본을 다스리게 되었다.
위엄을 과시하려고 조정이 몽땅 교토에서 쇼군의 본거지였던 도쿄까지 옮겨갔다.
이동이 어찌나 더디었던지 꼬박 아홉 달이 걸렸다.

여기서 잠시 쉬어서 경치도 보면서
사흘이고 나흘이고 열흘이고
시나 읊고 가자꾸나…

또요!

도쿄에서 천황은 사쓰마, 조슈, 도사 출신으로 이루어진 만 명의 근위대를 만났다.

천황이 다스렸지만 실권은 근대화를 신봉하는 군인들에게 있었다!

이리 가시면 어디 덧나시겠사옵니까, 폐하!

시기도 딱 좋았다. 미국에는 대륙 횡단 철도가 막 완공되었다. 이집트에도 수에즈 운하의 수문이 막 열렸다. 그래서 유람단은 남아메리카와 아프리카로 둘러가지 않고도 세계를 일주할 수 있었다.

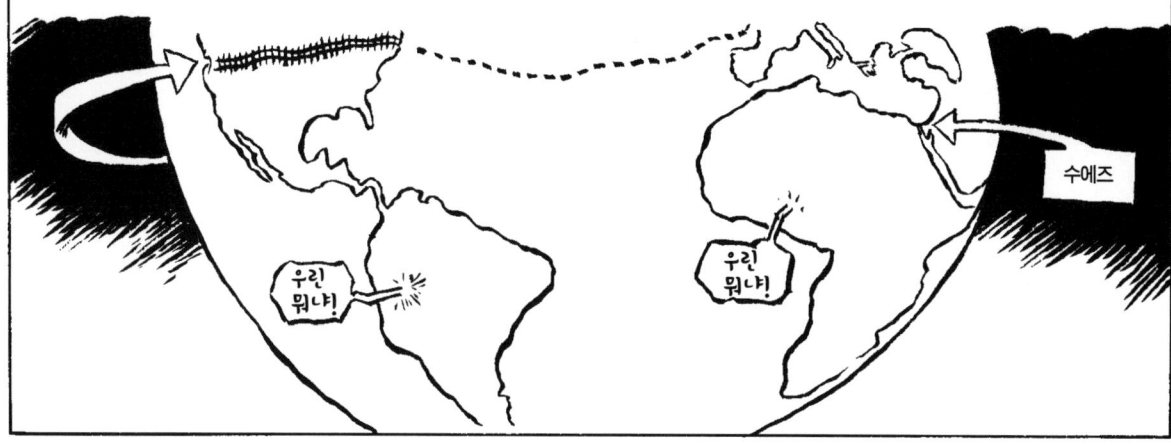

첫 기착지는 샌프란시스코…

수도 워싱턴…

뉴욕에서 벌어진 시가 행진…

하버드 대학 방문…

그러고는 바로 유럽행.

프랑스 작가 쥘 베른은 철도, 증기선, 수에즈 운하에서 영감을 얻어 『80일간의 세계 일주』를 썼다.

칙칙 폭폭
칙칙 폭폭

소설에 나오는 영국인 주인공과 프랑스인 비서는 땅과 바다를 가로지르면서 난관과 지연을 이겨내고 아슬아슬하게 시간을 맞춰 런던의 출발점으로 돌아온다.

증기선과 지름길이 등장하기 전까지 세계를 한 바퀴 돌려면 몇 년씩 걸렸지만, 지금은 80일도 억겁의 세월처럼 들린다. 역사는 확실히 점점 빨라진다. 과연 어디까지 빨라질까?

새삼스러 우시기는!

일본인이 무엇을 보았는지 알아보기 전에 타임머신을 60년 전으로 되돌리자.

권력 이동

나폴레옹이 무너진 1815년 이후로 유럽 열강은 더 이상의 전쟁을 막는 길을 모색했다. 그래서 세력균형이 이루어지도록 지도를 다시 그렸다. 어떤 왕국도 다른 왕국을 괴롭혀서는 안 되며, 만약 문제가 생길 경우 열강은 머리를 맞대고 평화로운 해법을 찾아내야 마땅하다는 것이었다.

여기서 말하는 열강은 스페인, 프랑스, 영국, 프로이센, 오스트리아, 러시아다.

난 왜 안 부르지?

하지만 오토만 튀르키예는 아니었다. 한때는 무시무시한 나라였지만 이제 튀르키예는 이빨 빠진 호랑이였다.

하기야… 이제는 깨물지도 못하니까…

튀르키예의 약화는 열강의 공조 분위기에 엄청난 부담을 주었다.

먼저, 러시아는 늘 그랬고 앞으로도 그러겠지만 지중해로 열린 부동항을 원했다.

러시아는 보스포루스라는 좁은 바닷길을 틀어쥔 튀르키예의 동태에 늘 촉각을 곤두세웠다. ♪

러시아는 이븐 와하브라는 엄격한 설교사가 무력을 갖춘 아라비아 족장인 이븐 사우드를 들쑤셔서 튀르키예에 반기를 들었음을 알아차렸다.

사우드의 와하비 군대는 튀르키예를 아라비아에서 몰아냈다. 1798년이면 아랍인은 오토만 튀르키예가 다스리던 이라크를 쳤다. 오토만 이집트도 그 무렵 나폴레옹에게 무너졌다.

옛날에 오토만 술탄은 음모와 내전을 막으려고 형제들을 모두 목졸라 죽였지만 시간이 흐르면서 이것은 좀 잔인해 보였다.

1700년대 중반이면 술탄은 더 점잖은 방법을 썼다. 하렘이라는 여자들만의 공간으로 형제들을 집어넣어 재정과 전쟁 등 국정을 이끌어가는 모든 문제에서 관심을 끊게 만들었다.

그래서 그런 형제 중 하나가 술탄으로 등극해야 할 때 그는 전혀 준비가 안 되어 있었다.

찢겨나가는 오토만 제국

1800년대 초 러시아는 노른자 땅이 몰린 흑해 북부 연안을 따라 코카서스 산맥 주변으로 튀르키예가 다스리던 지역을 거머쥐기 시작했다. 이 군사 원정은 나폴레옹의 러시아 침공 때 중단되었지만 곧 재개되었다.

모스크바

우크라이나인
크로아티아인
세르비아인
루마니아인
불가리아인
마케도니아인
코카서스 산맥
아제르바이잔인
튀르키예인
아르메니아인
쿠르드인

러시아는 오토만 치하에 있던 세르비아도 들쑤셨다.

세르비아인은 러시아인과 조상, 언어, 신앙이 통했으므로 싸울 용의가 있었고 러시아는 돕겠다고 나섰다.

나중에 배신 때리기 없기다?

암요! 배신 때렸다간 집사람한테 맞아죽어요!

1817년 세르비아는 오토만 제국을 박차고 나와서 튀르키예와 모두를 놀라게 만들었다.

기분인데 뽀뽀나 합시다!

집사람이 보이는데요…

그리스 전쟁은 자꾸만 꼬이고 길어졌다.
산악전과 해전이 벌어지고 영국 군사 고문단은 러시아군을 밀어냈다.

전쟁은 한쪽 편에는 그리스와 서구 열강이 있고 다른 쪽에는 술탄이 있고 러시아는 한구석에 처박힌 상태에서 끝없는 입씨름으로 흐지부지되었다.

열강들은 오토만 제국이 부스러기를 노리는 들개들에게 갈가리 찢기는 것보다는 제국으로 남겨두는 것이 좋겠다는 데 의견을 모았다.

그래서 다들 오토만 제국에 흑심을 품었으면서도 평화와 '균형'을 위해 제국을 보호하기로 다짐했다.

이런 보호의 대가로 술탄은 1833년 그리스를 포기했다.

쉽게 말해서 열강은 술탄이 보는 앞에서 한 번에 한 토막씩 제국을 사이좋게 베어먹었다!

나는 통 끼어주질 않네요…

프랑스는 본때를 보이려고 1830년 오토만 알제리를 차지했다.

휴…

이제 크로아티아인, 알바니아인, 불가리아인, 마케도니아인, 아르메니아인 등 제국 안의 모든 소수 민족이 감히 자유를 꿈꾸었다.

행동파들은 모임을 갖고 격문을 쓰고 시위를 벌이고 고유어를 되살리고 학교를 열고 국기를 만들고 경찰서를 날려버렸다.

모든 유럽 열강이 튀르키예의 해체를 반긴 것은 아니었다. 튀르키예와 이웃사촌이었던 오스트리아도 헝가리인, 독일인, 폴란드인, 유대인, 체코인, 이탈리아인 등 소수 민족이 섞여 살던 나라였으므로 소수 민족의 동태에 예민했다.

그래, 얼마나 버티나 보자!

가령 독일인이 모두 들고 일어나면 큰일이었다.

이념들

가족 중심으로 굴러가던 옛날에는 왕은 일종의 대지주였다.
왕과 동료들 곧 귀족들의 권력은 땅에서 나왔다.
그들은 땅을 소유했고 땅을 놓고 싸웠고
땅에서 일하는 사람들을 다스렸다.

자본은 국경을 넘어 사고 팔고 투자하고 싶어하며 어디서든지 기를 쓰고 이윤을 추구한다.
자본은 자유롭고 싶어한다!

"별꼴이야!"

경계선이 확실히 그어진 토지에 묶여 살던 기존의 지배계급은 여기에 저항했다. 정부에서 더 많은 목소리를 내고 싶어하던 자본의 요구도 불만이었다.

"좋아, 타협하자. 우리는 말만 할 테니까 너희는 듣기만 해…"

결과: (지금은) '고전적 자유주의'로 알려진 무역에 대한 신념을 가진 사업가들과 그 지지 세력의 혁명 열기가 높아졌다.

1825년 러시아에서는 자유주의 성향의 장교들이 3천 명을 규합하여 입헌 정부를 요구하면서 죽은 알렉산드르 1세의 동생인 개혁 성향의 콘스탄틴을 황제로 추대하려고 했다.

"입헌 정부 수립하라!"

"입이 헌 정부를 무슨 수로 수리하나…"

장교들을 이끌었던 세르게이 트루베츠코이 공이 시위에 동참하지 않자 군인들은 구심점을 잃었다. 반란이 실패하면서 지도자들은 시베리아로 가거나 처형당했다.

1830년 파리에서는 군중이 돼지상을 한 샤를 10세를 쫓아내고 좀더 만만한 루이 필리프를 왕위에 앉혔다.

평등 요구가 사방에서 빗발쳤다.
여자와 노동자도 평등을 외쳤다.

"억울하면 출세하지 왜 저런데요들!"

개혁가들도 때로는 의견이 갈렸다….

빨리 가느냐 천천히 가느냐

예나 지금이나 자유 시장을 옹호하는 사람은 자본주의가 만인에게 이롭다고 말한다. 건전한 사업은 일자리를 만들고 번영을 촉진하며 세상을 좀더 살 만한 곳으로 만든다는 것이다.

공장이 매연과 빈민가를 자꾸 만들어내는데도 열성 시장주의자는 더 많은 자본주의를 외쳤다!

흠, 진보의 악취에 뿅 간 남자!

서민들의 주거 환경이 얼마나 열악했는가 하면 런던에서 콜레라로 한 거리에서만 120여 명이 죽었다.

존 스노 박사는 발병 원인을 밝히려고 생존자와 일가친척을 일일이 찾아다녔다. 그리고 공용 펌프에서 퍼올린 지하수가 원인이라는 결론을 내렸다.

주민들이 집 안마당에 마구 버린 오물이 땅으로 스며들어 지하수를 오염시킨 것이다.

하수도가 없으니 도시가 온통 시궁창일세!

안 그런 데도 있나요?

생각이 다른 사람들도 있었다. 특히 **사회주의자**들이 자본주의 비판에 앞장섰다.

사회주의자들은 도덕의 렌즈로 경제를 보았다. 모든 것을 개인화하려는 자본주의는 한마디로 글러먹었다.

생시몽   푸리에   프루동

사회는 그 구성원을 보살펴야 하고, 약자를 짓밟지 못하도록 강자를 억누르고, 사회정의에 맞게 조직되어야 한다고 믿는 사람들이라고 해서 '사회주의자'라고 불렀다.

그렇지만 역설적으로 사회주의자는 자본주의도 진보라고 믿었다. 사회주의자는 수북히 쌓인 저렴한 공산품과 놀라운 기계와 과학 혁신을 좋아했다.

덩치가 큰 산업은 사회적으로 중요하므로 사익을 추구하는 개인이 좌지우지해서는 안 된다고 그들은 주장했다.

사회주의자가 원한 것은 더 많은 진보였다.

어떻게 그런 사회를 이룰까? 그런 사회는 어떤 모습일까? 저마다 생각이 달라 보였다! ♪

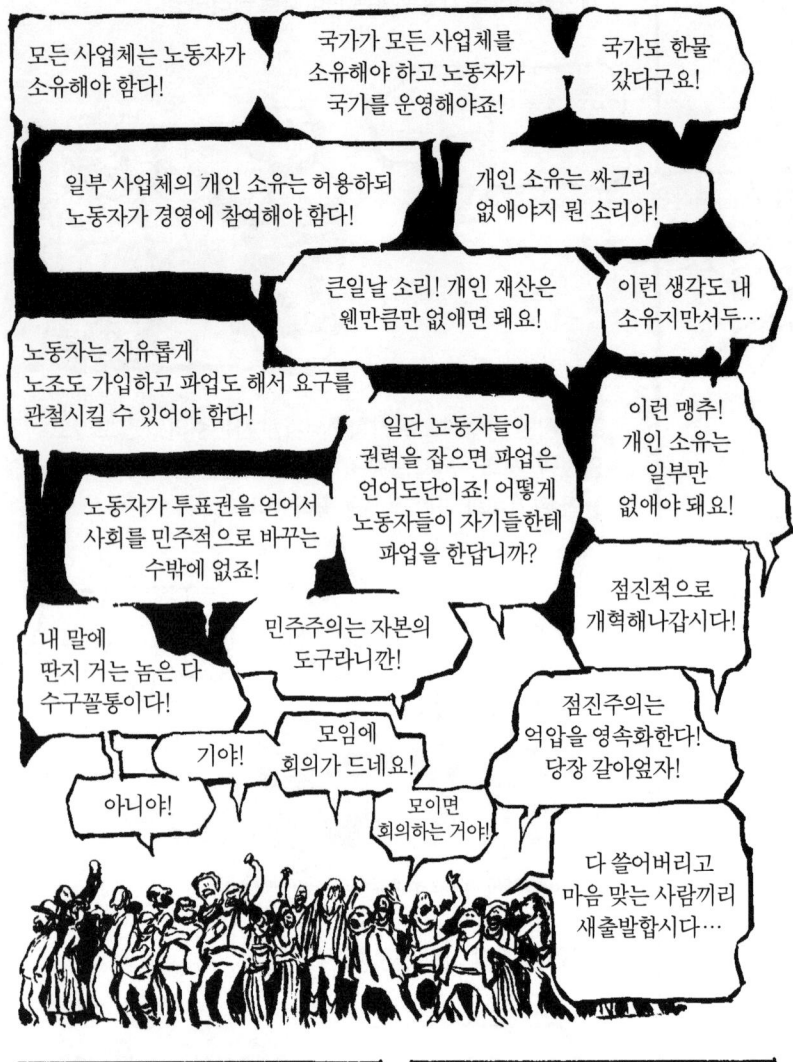

다양한 사회주의의 갈래와 그밖의 다양한 이념이 손을 잡으면 수학자만이 계산할 수 있는 온갖 변종이 만들어졌다.
혈통 민족주의 왕당파,
사회주의 혈통 민족주의자,
영성 사회주의 여권주의자,
무신론 자본주의 여권주의자,
민주 사회주의자,
민주 자유주의 민족주의자,
사회주의 노동조합주의자,
비사회주의 노동조합주의자,
국제주의 자본가, 허무주의자,
공리주의자, 무정부주의자…

1848년 2월에 나온 공산당 선언은 통명스럽고 단호하게 역사를 개괄하면서, 빈약하지만 가차 없는 논증을 통해 무자비한 결론을 내렸다.

그러나 자본은 실업자 곧 '산업예비군'을 만들어내서 자멸의 씨앗을 뿌린다.

> 후덜덜, 내가 썼지만 나도 무섭네!

공산당 선언에 따르면 중세만 하더라도 사회 모든 계급은 서로에게 책무가 있었다. 영주조차도 부하들을 챙겨주어야 했다.

> 자본가는 돈만 챙기죠!

공산주의 강령: 국경이나 인종, 남녀 같은 인위적 구분은 고려하지 말고 언제나 자본에 맞서 노동을 옹호하라.

지금은 자본가와 노동자로 계급이 딱 둘만 남았다. 자본은 오직 자기만 챙기면서 노동자를 틈만 나면 박살내고 착취한다.

목표: 썩은 체제를 몽땅 뒤집어엎는 것. 공산당 선언은 "만국의 노동자여 단결하라!"면서 "그대들은 사슬 말고는 잃을 것이 없다!"라고 부르짖었다.

모두 약속이나 한 듯이 혁명이 삽시간에 유럽을 휩쓸었다. ♪

구체제는 물러가라!

공산당 선언에서 마르크스는 새로 나온 전보의 도움으로 혁명가들이 행동을 조율할 수 있을 것이라고 말했다.

이제 기계만 나오면 모두가 내 주장에 따라올 텐데…

1800년대 초부터 발명가들은 쇠줄로 전기 신호를 보내는 방법을 이리저리 궁리했다.

26개의 쇠줄에다가 영어 알파벳 문자를 하나씩 지정해서 물통에다 집어넣습니다. 1번 쇠줄에서 거품이 나타나면 그건 A를 뜻하고, 어쩌고 저쩌고…

독일어 움라우트는요?

최초의 실용적 전보는 1840년대에 영국과 미국에서 등장했지만 유럽 대륙에서는 1848년까지도 전보는 생소했다.

휴… 혁명이 일어나도 전보를 못 받으니, 이거야 원…

이것이 공산주의 혁명이었다는 소리는 아니다. 전혀 아니었다. 내건 목표는 저마다 달랐다.
헝가리인, 폴란드인, 보헤미아인, 이탈리아인은 오스트리아에서 독립을 하고자 했다.
독일인은 통일된 독일을 원했다. 프랑스인은 빵을 원했다. 거의 모두가 헌법과 선거를 원했지만,
딱히 공산주의를 원한 것은 아니었다.

이런 지각변동은 성공과 실패가 교차하면서 끝났다. ♪

프랑스에서는 왕이 물러나고 새 공화국이 시작되었다. '모두'가 루이 나폴레옹을 새 대통령으로 뽑았지만 루이 나폴레옹은 공화국을 짓밟고 황제로 올라섰다!

봉기를 일으킨 사람들은 열심히 입씨름을 벌였지만 사방에서 짓밟혔고 낡은 질서가 다시 돌아왔다. 혹은 그렇게 보였다.

노동자 계급은 유산 계급과의 투쟁을 통해서만 전진할 수 있다구.

봉건 질서를 주적으로 하는 싸움에서는 계급들끼리 손을 잡는 것이 전술적으로 바람직해요.

뭐니 뭐니 해도 투표권을 따내는 게 급선무라니까.

하지만 사실은 온갖 이념이 부글부글 끓었다. 자유주의를 비롯해 여기저기서 곧 변화가 일어난다.

민족주의에 호소하는 것은 정치 의식이 낮은 집단에 영합하는 셈.

모순이 있으면 민족의 울타리 안에서 풀어야.

1848년 이후 사회주의자들은 흩어졌다. 카를 마르크스는 파리를 떠나 런던으로 가서 인간 만사를 하나로 꿰는 이론을 만들었다.

여기서는 사상가가 배는 곯아도 빨갱이 소리는 안 듣지요…

빅토르 콩시데랑이라는 프랑스 사회주의자는 대서양을 건너 텍사스를 이상향으로 삼았다. 그가 쓴 『텍사스로』라는 책을 읽고 많은 좌파가 인적 없는 텍사스로 몰려들었다.

반가워요, 동무!

프랑스인이 레위니옹(화합)이라는 정착촌을 세운 자리에 지금은 체육관이 들어섰다.

붕붕 나는 걸 보니 정착할 마음은 없는가 보네…

1848년의 소란을 면한 러시아는 다시 한번 세력 팽창을 꾀했다.

러시아는 오토만 치하의 근동에 살던 러시아정교 신도들을 '보호'할 권리를 달라고 튀르키예 술탄에게 요구했다.

프랑스의 팔팔한 새 황제는 반칙이라면서 영국과 맞장구를 쳤다. 러시아가 남쪽으로 밀고 내려가자 오스트리아는 기겁을 했고 튀르키예는 군대를 모았다.

1815년의 정신을 지키려고 열강은 회담을 가졌지만 아무런 합의도 끌어내지 못했다.

러시아와 튀르키예는 전쟁에 돌입했고, 영국과 프랑스도 선전포고를 하고 러시아의 남쪽 옆구리에 자리 잡은 크리미아 반도♪에서 싸웠다.

크리미아 전쟁에서는 구식 기마 전술도 동원되었지만 철도, 전보, 통계 같은 근대 문물도 선보였다.

영국 간호사 플로렌스 나이팅게일은 사망 원인을 꼼꼼히 따져서 대부분 부상이 아니라 감염이나 전염병으로 죽는다는 것을 밝혀냈다.

나이팅게일이 들이민 통계를 보고 영국은 위생에 신경을 썼고 덕분에 다친 군인을 좀더 빨리 싸움터로 되보낼 수 있었다.

민족의 탄생

오랜 세월 갈라져 있던 마흔 개의 독일 나라들이 서서히 동맹을 향해 움직였다. 1842년이면 벌써 나라와 나라 사이로 상품을 무관세로 나르기로 합의했다. 이 '면세 구역'에서 무역이 성행했다.

재계는 단일 법규 밑에서 사업을 할 수 있도록 정치적 동맹까지도 원했다.

너무나 지당한 소리잖소. 수천 가지나 되는 그 어리석은 전통은 모두… 쓸모없는 애물단지거든.

어쭈…

귀족은 중앙정부에 고개를 숙이기를 완강히 거부했다. 특히 말발이 좋은 자유주의 정부에는 반감이 심했다.

합리적으로 사유하는 데 어려움이 많다고 솔직히 말씀하시죠…

1848년 이후로 프로이센의 귀족 오토 폰 비스마르크는 생각이 바뀌었다.

귀족이 주도하는 프로이센의 군국주의 문화를 주축으로 독일을 통일하기로 비스마르크는 마음먹었다.

1862년 비스마르크는 프로이센 총리가 되어 자유주의자들에게 이렇게 호언장담했다.

"여러분이 바라는 것을 토론이나 결의가 아니라 철과 피로 모두 얻을 수 있게 해주겠소."

몇 달 만에 프랑스군은 프랑스로 밀려났다.

나라를 지키러 가는 거라구!

몰려온 독일군은 파리를 포위했다.

점령군 최고사령부는 베르사유 교외의 궁전에 둥지를 틀었다. 승리에 들뜬 데다 고급 포도주를 배가 터지도록 마신 독일 지도자들은 프로이센을 구심점으로 삼아 동맹을 하나의 독일 국가로 통일하기로 다짐했다.

술김에 통일하는 나라는 처음 봤네…

프랑스-프로이센 전쟁이 막 끝났을 무렵 일본 정부의 시찰단이 유럽에 왔다.
그들은 새 독일, 새 이탈리아, 새 프랑스가 새 헌법을 놓고 씨름하는 모습을 보았다.
철도, 우편, 공장, 전보, 신문도 보았다. 하지만 그들이 지나친 것도 몇 가지 있었다.

또 하나의 민족

가령 독일이 병합한 국경 지역의 하나인 알자스 출신의 드레퓌스 집안에는 아무도 관심을 갖지 않았을 것이다.

알자스가 독일 땅이 되자 프랑스어를 쓰는 이 집안은 파리로 이주했다.

드레퓌스 집안의 아들이었던 알프레드는 커서 프랑스 육군에 들어가 정보 장교가 되었다.

독일 같았으면 정보 장교가 될 수 없었다. 드레퓌스가 프랑스어를 써서가 아니라 유대인이라서였다.

쉿! 굳이 밝힐 필요 없죠!

프랑스는 피가 아니라 언어, 문화, 포도주, 치즈를 놓고 프랑스 국민이냐 아니냐를 따졌다.

"피 같은 포도주죠!"

드레퓌스 대위는 1880년대와 1890년대의 독일을 보면서 프랑스에 더 끌렸을 것이다.

1870년 시민권이 부여되자 독일 유대인은 숨 막히는 게토에서 호르몬 주사를 맞은 육상 선수처럼 우르르 쏟아져 나왔다.

유대인은 독일 인구의 2퍼센트였지만 과학도 중에서는 10퍼센트가 넘었고 독일 소매점은 3분의 1이나 차지했다.

"호르몬 주사 괜찮네!"

일부 독일인은 바그너처럼 반응했다.

"이 나라 정치를 오염시키는 족속!"

"우리도 오늘부터… 자기가 좋아하는 유대식 다진 간 요리 해먹지 말자, 응?"

1877년부터 유대인을 독일에서 '몰아내는' 데 주된 목표를 둔 군소 정당들이 생겨났다.

인스턴트 근대화

일본 정부 시찰단은 20개월 동안의 세계 유람을 마치고 1873년 귀국하여 궁리에 들어갔다.

미국은 말할 수 없이 거친 나라로 다가왔다. 본받을 만하지는 않아도 태평양 너머의 맞수로 존중할 만했다.

영국이 일군 공업과 제국은 인상적이었다. 하지만 영국 정부는 성문 헌법 없이 굴러갔고 너무 복잡해서 이해가 불가능했다.

프랑스는 약하고 너무 안정감이 부족하며, 낙후된 러시아는 동방 팽창을 추구하는 위협적 존재로 다가왔다.

마지막으로 새 나라 독일은 헌법도 새것이고 의회는 약하고 재상은 강하고 왕이 군림하는 나라였다. 일본 입맛에 딱 맞았다!

요컨대, 그들은 근대를 이루는 요소는 여러 개라는 사실을 이해하고 돌아왔다.

교육

학교를 많이 지어서 문학, 철학 말고도 과학, 기술, 공학에 역점을 두어 가르친다.

공업

근대국은 철강, 기계, 공구, 베어링, 기차, 엔진, 선박처럼 고부가가치 제품의 태반을 자력으로 만들어야 한다.

어렵더라도 남에게 기대면 안 된다!

복잡한 교역 조건

서양은 약소국한테만 자유무역을 요구했다. 근대국은 외국과의 경쟁에서 자국 산업을 보호하려고 온갖 종류의 관세와 수입 규제를 동원했다.

약육강식이 국제법이죠, 하하!

입헌 정부

공업이 발전하려면 정부가 공정하게 투명하고 일관된 법을 만들고 국민이 참여하는 길을 터주어야 했다.

안 그러면 새로운 요구를 법이 따라갈 수 없죠!

그래서…

교육부는 부지런히 학교를 짓고 교사를 가르치고 외국 전문가를 모셔서 국민의 문맹률을 낮추는 교육 제도를 만들었다.

새로 나온 신문과 책은 국민에게 생각할 거리를 주었다.

무역은 갈수록 삐걱거렸다.
일본은 서양 수입품을 줄이면서 자국 공업을 밀어주었다.

애석하게도 서양은 이미 서양 제품을 무관세나 거의 무관세로 받아들이도록 일본에게 강요했고 힘이 약한 일본의 조약 개정 요구는 먹혀들지 않았다.

그래서 일본 기업들은 비용을 낮추려고 임금을 깎았고 노동자들은 허덕거렸다.

반면 정부는 봉건 지배층에게는 기업 경영을 맡기는 방식으로 이들을 우대했다.

결과: 얽히고설킨 소수가 지배하는 소수의 대기업이 떴다. 미쓰비시, 일본전기, 마쓰시타, 미쓰이 같은 회사는 지금도 있다.

이 모든 일이 다 헌법 없이 이루어졌다.

1884년 정부는 헌법을 만들기로 하고 독일 법학자 헤르만 뢰슬러에게 자문을 구했다.

뢰슬러는 견제와 균형을 추구하는 영미식 헌법은 피하라고 했다. 정부 부처들이 옥신각신하면 '사회적 통합'이 훼손된다는 것이었다. 일본도 동조했다!

헌법은 서두에서 정부는 국민의 뜻으로 존재하는 것이 아니라, 살아 있는 신 천황의 성은으로 존재한다고 못 박았다. 뢰슬러는 펄쩍 뛰었지만 별수 없었다.

월급쟁이가 별수 있나요…

총리는 천황(아니면 천황의 똘마니들)이 고르는데 의원들은 선거로 뽑았다. 총리는 입법에 거부권을 행사할 수 있었지만 의회는 총리를 견제할 힘이 없었다.

신의 대리인을 견제한다는 게 말이 돼?

헌법은 1890년부터 발효되었고 첫 선거도 순탄하게 치러졌다.

다 시계처럼 정확한 우리 독일 사람 덕이죠!

그런데 웬걸, 의회는 예상 밖으로 권한이 컸다. 세금과 지출을 관장했기 때문이었다. 곧 총리와 의회는 1, 2년이 멀다 하고 충돌했다.

그래서 1, 2년마다 총리가 물러나고 천황은 새 총리를 내려보냈다.

골치 아파, 이놈의 민주주의!

어쨌든 그런 식으로 굴러가면서 일본은 근대국이 되었다.

1894년 돌파구가 열렸다. 영국이 일본을 옥죄던 불평등조약을 끝내는 데 동의했다.

일본 정부는 이것을 중국에 선전포고를 해도 좋다는 허락으로 받아들였다.

중국과 일본은 조선을 놓고 힘겨루기를 벌였다. 중국은 생각이 전통 쪽으로 기운 조선의 왕을 밀었고, 일본은 일본 기업을 조선으로 끌어들이려고 조선의 근대화론자들을 밀었다. 시간이 흐르면서 음모, 살인, '사건'이 벌어졌다.

1894년 말 일본은 조선을 전쟁터로 삼아 바다와 육지에서 거인 중국을 금세 눌렀다.

1년도 못 가서 중국은 조선을 포기하고 타이완을 일본에게 넘기면서 거액의 배상금까지 일본에 물어주기로 했다.

하지만 일본이 조선을 자기 뜻대로 밀어붙이자 조선 왕은 이렇게 저렇게 맞섰다.

조선 왕은 러시아에 도움을 청했다.

한편 중국에서는 개화파와 보수파 사이가 날이 갈수록 껄끄러워지고 험악해졌다.
개방을 하지 않으면 우린 다 골로 갑니다!
너나 가라…
황제를 쥐락펴락하던 서태후
1900년 보수파였던 서태후는 외국인, 기독교도 등을 공격했다. 의화단운동이었다.
1만 명의 일본군을 포함한 외국군은 의화단과 맞붙었다.
의화단은 진압되고 영국은 일본의 무력에 놀랐다. 1902년 두 나라는 동맹을 맺었다.
그동안 많이 섭섭했지, 동생!
혼란을 틈타 러시아는 조선의 전략 요충지를 차지했다.
1904년 일본은 러시아에 선전포고를 했다.♪
이 무렵 일본은 서양 은행들과 인연을 맺었다. 서양 은행들은 신흥 강국 일본에 돈을 빌려주고 짭짤한 이익을 노렸다.
제이콥 시프라는 뉴욕의 은행가는 러시아와 싸우는 전쟁 자금으로 일본에 2억 달러를 대주었다. 유대인 시프가 동족을 괄시한 러시아를 응징하기 위해서라는 설이 나돌았다.
유대인이 세계를 장악하려 한다는 '국제 유대인 음모'설에 불을 붙인 것도 이 융자였다.
랍비들이 몰래 만나서 작당을 한다네!
랍비 둘이 모이면 생각이 셋으로 쪼개지는데 작당이라니…

일본은 이번에도 탄탄한 전략과 전술, 강한 규율로 막대한 병력 손실을 보면서도 밀어붙였다.

중국과의 전쟁만큼 일방적이지는 않았지만 결과는 다시 일본의 승리였다.

이거거덩!

이제야 역사가 좀 바로잡히려나 보네…

러시아는 주둔했던 기지에서 철수하고 자기 섬도 몇 개 내주었다. 조선은 타이완과 함께 일본의 식민지가 되었다. 1910년 일본은 제국이 되어 근대 공업국 열강의 대열에 동참했다.

끙… 이제라도 다시 쇄국을 해주심 안 될까?
(미국 페리 제독)

일본 제국, 1910년
러시아 극동 / 조선 / 중국 / 일본 / 타이완

다음은, 만인의 제국?

4 밝은 빛

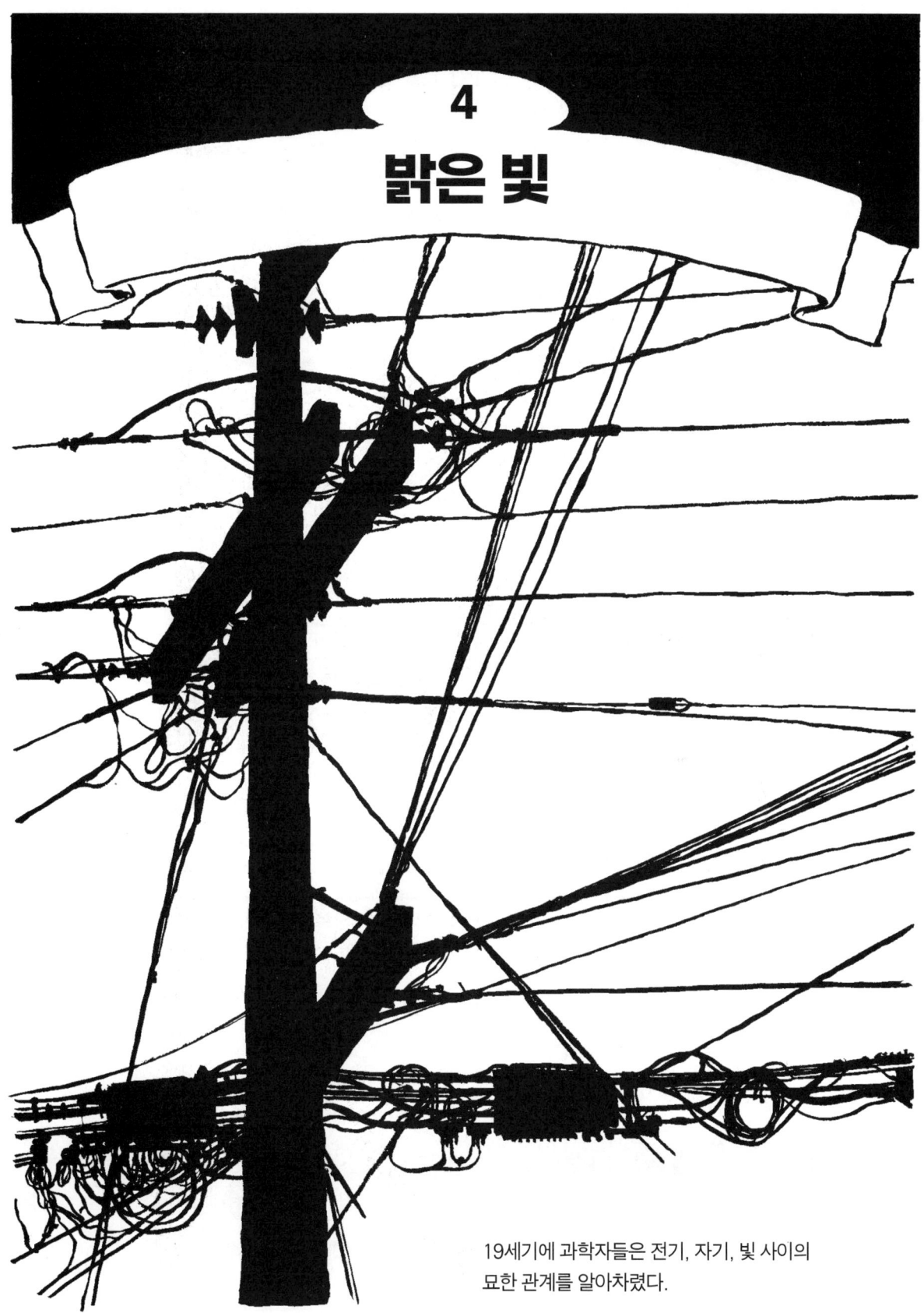

19세기에 과학자들은 전기, 자기, 빛 사이의 묘한 관계를 알아차렸다.

1820년 한스 크리스티안 외르스테드는 전선을 타고 흐르는 전류가 나침반 바늘을 움직인다는 사실을 발견했다. 전선이 자석 노릇을 한 것이다.

전선을 둘둘 말아서 전류를 보내면 강력한 '전자석'이 만들어졌다(특히 철봉을 둘둘 말면 자력이 커졌다).

움직이는 전하는 자기장을 만들어낸다. 자기장은 자력이 미치는 공간을 말한다.

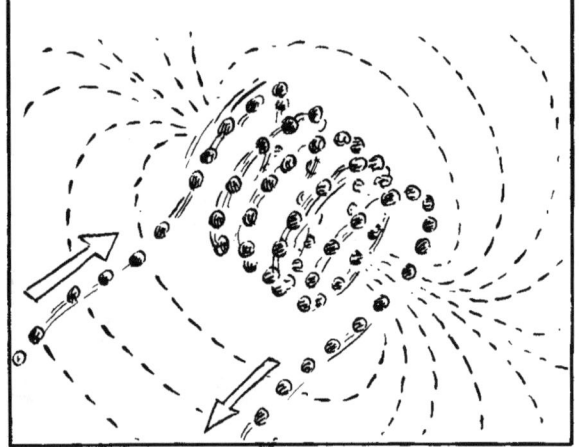

몇 년 뒤 마이클 패러데이는 정반대 현상을 알아냈다. 움직이는 자석이 전선을 따라 전류를 만들어낸 것이다.

결국 움직이는 자석은 전기장을 만들어낸다는 소리였다. 전기장은 부근의 전하에 영향을 미치는 전기의 공간이다.

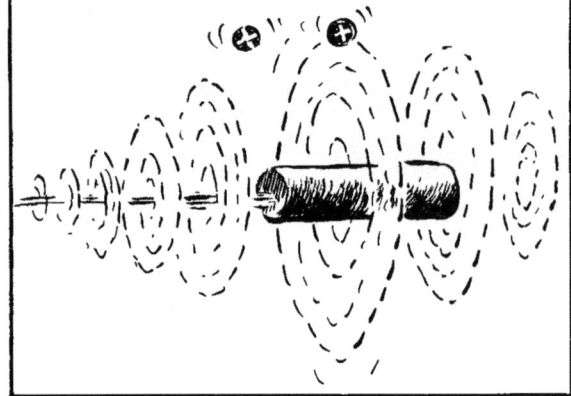

좀더 추상적으로 말하자면, 움직이는 전기장은 자기장을 만들고 움직이는 자기장은 전기장을 만들어낸다.

제임스 클러크 맥스웰은 허공을 채운 이 묘한 기의 흐름을 방정식으로 정리했다.

맥스웰의 방정식에 따르면 요동하는 전하의 전기장은 요동하는 자기장을 만들고 이 자기장은 다시 전기장을 만들고 이 전기장은 다시… 이런 식으로 끝없이 나간다.

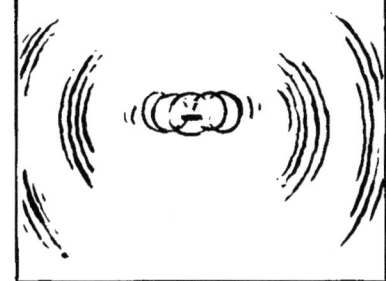

이런 장들에 생긴 교란은 전하로부터 전자기파로 물결처럼 퍼져나간다.

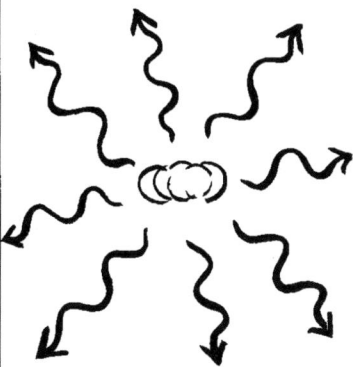

맥스웰은 실험실에서 이 전자기파를 쟀다. 전자기파는 초속 30만 킬로미터(물리학에서는 광속을 보통 C라고 한다)로 움직였다. 빛의 속도였다.

맥스웰은 이 전자기파가 빛이라고 결론지었다! 전하가 초당 4000번에서 7000번 진동할 때 그 전자기파는 눈에 보이는 가시광선이다. 그보다 높거나 낮으면 눈에 안 보이는 광선을 만들어낸다. 세상은 눈에 안 보이는 이런 전자기파로 가득 차 있다.

살 떨려!

맥스웰만큼 이론에 밝지 않은 사람들은 전선과 자석을 가지고 뚝딱거렸다. 그래서 전류 신호에 변화를 주면 그때그때 반응하는 작은 자석을 만들어냈다. 전보, 전화, 축음기 같은 기적의 발명품은 이렇게 탄생했다.

마찬가지로 돌돌 만 전선을 자석 주위로 회전시키면 전류를 얻을 수 있었다. 1800년대 말이면 거대한 발전기에서 만든 전기가 전선을 따라 사방으로 퍼졌다.

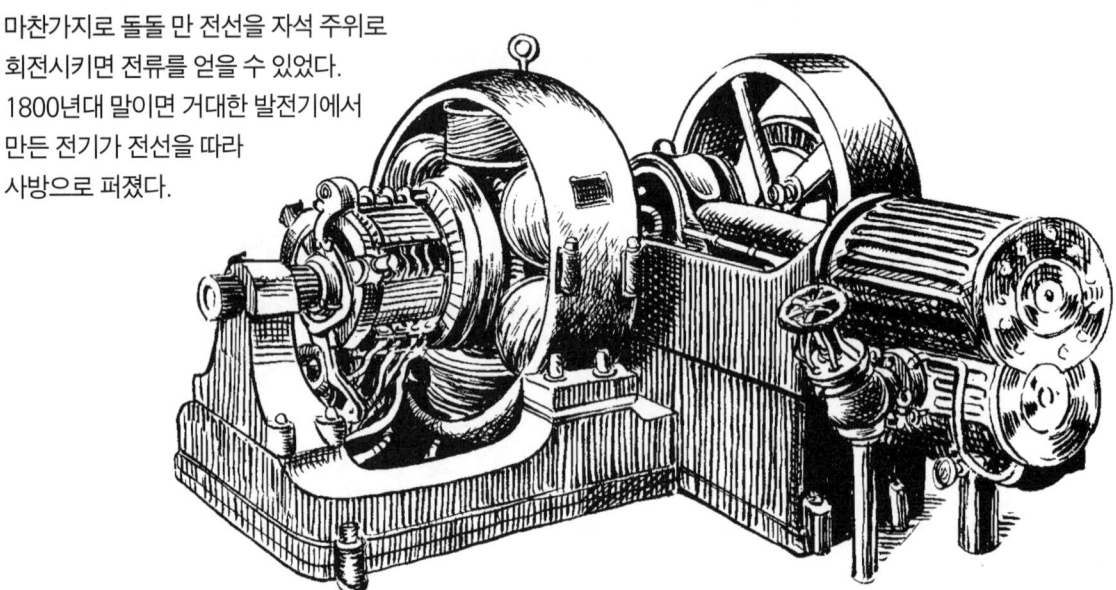

온 도시에 전기가 들어왔다!

밤이 깜깜하던 때가 언제였더라?

그렇게 잘 맞아떨어지는 이론에 의문을
던졌다간 손가락질 받기 딱 좋았을 것이다.
하지만 전자기는 알쏭달쏭했다.
적어도 알베르트 아인슈타인은
알쏭달쏭했다.

아인슈타인은 나침반을 든 두 사람(본인과 아내 밀레바라고 치자)을 상상했다. 전하들이 획획 지나가는데… 아인슈타인은 그 자리에 서 있고 밀레바는 전하들과 같은 속도로 날아간다.

아인슈타인의 나침반 바늘은 움직이지만 밀레바의 나침반 바늘은 그대로다! 밀레바의 관점에서는 전하들은 움직이지 않기 때문이다.

혹은 밀레바가 두 개의 전하를 들고 날아간다고 하자. 밀레바는 그 전하들의 전기장만 볼 수 있지만, 아인슈타인은 운동 때문에 자기장까지 볼 수 있다. 관측자들은 무슨 장이 존재하는지에 대해서 생각이 어긋난다.

설상가상으로… 밀레바가 두 개의 전하를 놓으면 둘은 떨어져 나간다. 그런데 자력의 영향 때문에 아인슈타인의 눈에는 두 전하가 더 느리게 떨어져 나가는 것으로 보인다. 관측자들은 속도를 다르게 잰다.

아인슈타인은 이 별난 현상에 대한 별난 분석을 1905년 논문으로 발표했다. 그러면서 두 관측자가 잰 속도가 달라지는 것은 아인슈타인의 관점에서 밀레바의 시간이 느려지기 때문이라고 설명했다.

그래서… 만약 밀레바가 시계를 들고 있다면 아인슈타인은 가만히 서 있는 자기 손의 시계보다 밀레바의 시계가 느리게 가는 것을 알아차릴 것이다!

여기서 그치지 않고 아인슈타인은 머리를 좀더 핑핑 돌게 만들었다. 운동하는 물체는 (운동하는 방향으로) 오그라들고 질량이 늘어난다는 것을 보여주었다. 운동 속도가 광속에 접근하면 물체는 길이가 영으로 오그라들고 질량은 무한으로 늘어난다.

논박의 여지가 없는 수학으로 무장한 이 기발한 사고 실험에서 나온 것이 바로 상대성이론이다.

아인슈타인이 질량(M)과 에너지(E)를 결부시켜서 끌어낸 공식은 너무나 간단해서 믿겨지지가 않았다.

광속 곧 C는 초속 30만 킬로미터인데 C의 제곱이면 무려 900억 킬로미터²/초²라는 어마어마한 숫자였다. 아주 작은 질량도 어마어마한 에너지를 분출할 잠재력이 있다는 소리였다.

아인슈타인은 1905년에 이밖에도 획기적 돌파구를 몇 가지 더 열었는데 여기서 다루기에는 지면이 부족… 하지 않을지도 모르니까… 내친 김에 덧

처음으로 자면, 브라운 운동에 대한 통계적 분석을 통해 원자와 분자가 물리적으로 실재한다는 것을 입증으로 입증했고, 빛을 (파동이 아니라) 입자의 흐름으로 보아서 광전자 효과를 설명했다. 빛을 입자로 보는 혁명적 발상은 양자 역학의 밑바탕이 되었다.

과학스러운 생각이 유행이었다. 사람들은 과학을 우러러보았다. 카를 마르크스만 하더라도 그렇다.

마르크스는 런던에서 수십 년 동안 '과학적 사회주의' 체계를 세우느라고 씨름했다.

『자본론』이라는 미간행 원고를 산더미처럼 썼지만 그것은 과학도 못 되었고 빵도 못 되었다.

— 여보… 이게 다 빵이라면 얼마나 좋을까…
— 내 말이 그 말이요!

마르크스도 과학스러운 주장을 내놓았다. 모든 사건, 이념, 행동, 의견은 물질적 원인에서 비롯된다는 것이었다. 물리학과 마찬가지로 역사를 움직이는 것은 정신이 아니라 물질이다.

— 여보! 배고파 죽겠어요!
— 정신력으로 이겨냅시다.

사람의 태도, 생각, 사고방식을 결정하는 것은 사회 계급이고 다른 계급들과의 관계다.

— 여보! 어쩌면 식구들한테 이럴 수가 있어요? 변호사도 될 수 있었고 박사도 될 수 있었잖아요!
— 중산층 여자와 결혼하길 천만다행이지… 프롤레타리아한테 장가갔으면 지금쯤 프라이팬에 머리가 박살났을 거야…

백인의 우월감만 하더라도 그렇다. 마르크스는 백인이 돈을 벌려고 아프리카인에게 한 일을 정당화할 필요에서 나온 것이 그런 우월감이라고 보았다.

— 먼저 착취를 하고 다음에 해명을 하는 거지!

역사에도 과학처럼 법칙이 있다고 마르크스는 말한다. 사건들은 변증법적으로 움직인다.
즉 하나의 사태가 발생하면('정') 이것은 반작용('반')을 낳고 이것이 다시 새로운 창조('합')로 이어지면서
기존 질서 안에 있던 '모순들'이 어느 정도 해소된다.

모순1: 자본과 노동은 충돌한다.

로크와 마찬가지로 마르크스도 가치는 오직 노동에서만 나온다고 말한다.
그러나 자본가는 늘 노동자에게 노동에서 나온 가치의 일부만을 주고 나머지 '잉여' 가치 곧 이윤은 자기가 챙긴다.

모순2: 가치의 유일한 원천은 노동자이므로 자본가는 기계가 아니라 노동자로부터 이윤을 뽑아내지만… 기계에도 투자를 안 할 수가 없다.

공장과 설비에 쏟아붓는 자본이 늘어날수록 투자에서 얻는 상대 수익 곧 이윤율은 떨어진다.

이윤이 떨어질 만큼 떨어지면 결국 '자본주의의 위기'가 터진다. 기업과 은행은 망하고 돈은 사라지며 노동자는 일자리를 잃는다.

좋은 세상이 곧 옵니다!

그러면 반작용으로 '반'이 일어난다. 공산당 '전위'의 주도로 일어나는 노동자 봉기다.

이런 걸 각본 있는 드라마라고 하죠!

자본주의가 무너진다. 그러고는…

사회주의!!??

그게… 아직은 아니고…

'프롤레타리아 독재'라는 것이 이어진다. '진정한' 사회주의로 넘어가는 과도기를 꾸려나가는 공산주의 정부다. 국가는 시그라지고 계급 없는 사회가 나타난다.

알겠죠?

그리고 국가가 없는 이 무계급 사회의 모습은…

음… 에… 그러니까…

진짜로, 진짜로 끝내주죠?

알다가도 모를 일이었다. 그렇게 궁리를 많이 했건만 마르크스조차도 '진정한' 사회주의의 모습을 딱 부러지게 그려낼 수가 없었다…

음…

그 당시의 과학스러운 학문을 몇 개 더 소개하면, **골상학**은 두개골의 생김새로 사람의 성격을 알 수 있다고 주장했다.

동물 자기는 (동물이 아니라 사람을 대상으로 한) 최면술 실험이었다.

우생학은 '우등'한 사람은 자식을 많이 낳게 하고 '열등'한 사람은 자식을 못 낳게 해서 인류를 개선하려고 했다.

정신분석학은 어릴 때 실제로 받았거나 받았다고 상상하는 성적 충격을 드러내 '히스테리'라는 종잡기 어려운 병을 고친다고 주장했다.

이틀이 멀다 하고 경이로운 발명품이 쏟아져 나오는데 과학스러운 유행에 현혹되었다고 어떻게 사람들을 탓할 수 있겠는가? 튼튼한 강철, 질긴 '특수 처리' 고무, 원유를 정제한 휘발유와 윤활유, 합성 비료, 폭약, 염료, 잉크 같은 최신 물질이 기계와 건물을 뒤덮었다. 강철로 골격을 세운 고층 건물과 단숨에 오르내리는 유압 승강기… 내연기관으로 움직이는 자동차와 비행기… 거대한 인쇄기에서 찍어내는 얼룩덜룩한 신문, 그리고 독자를 환희와 감동으로 몰아넣은 가장 빛나고 중요하고 획기적인 발명품, 바로 신문의 네 컷 연재만화…

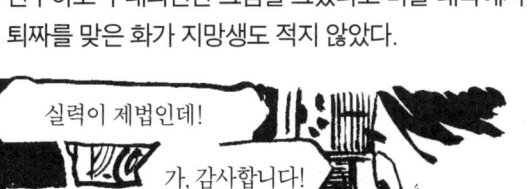

동쪽의 제국들

오스트리아-헝가리 제국은 독일, 슬라브, 헝가리 등 다양한 문화를 끌어안았다. 그리고 그런 대로 굴러갔다. 빈의 음악, 미술, 정신의학, 요리 같은 화려한 거품은 밑에서 부글부글 끓어오르던 민족 갈등을 살짝 덮어주었다. 오스트리아에 살던 독일 민족주의자들은 이런 '코스모폴리탄주의'가, 다름 아닌 자유주의 언론, 사회주의 이념, 전위 예술, 언어를 난도질하는 슬라브인, 유대인이 못마땅했다.

빈의 일류 산부인과 병원에서 아기를 낳은 엄마들이 이상하게 죽어나갔다. 헝가리인 산부인과 의사 이그나즈 제멜바이스는 이유를 캤다.

어느 날 한 의사가 부검을 하다가 칼에 베였다. 그는 '산욕열'로 바로 죽었다. 제멜바이스는 시신에서 나온 고름을 의사들이 분만실로 묻혀 가는 것임을 깨달았다.

제멜바이스는 동료들에게 손을 씻으라고 요구했지만 의사들은 헝가리로 꺼지라고 비웃었다.

(헝가리 부다페스트에서는 제멜바이스의 위생 개혁 덕분에 많은 산모가 살았지만 빈에서는 여전히 많은 산모가 죽어나갔다.)

1894년 오토만 조정에 간 김에 빌헬름 2세는 콘스탄티노플과 바그다드를 잇는 철도를 놓자는 웅대한 제안을 내놓았다. 튀르키예는 당연히 환영했고 독일(과 오스트리아)도 동쪽으로 깊숙이 들어가는 교두보를 마련할 수 있었다.

지금 조달, 측량, 설계, 설비 확보에 상당한 시간이 걸렸지만 1904년에 드디어 공사는 첫 삽을 떴다.

다시 유럽으로 돌아가서…
1904년 소아시아에서는
철도 공사가 시작되고
러시아는 일본과 전쟁을 벌여서
그만 졌다.

러시아의 급진파는 모두 감방에 갇혔거나 유배를
떠났으므로 시위대의 구호는 온건했다.

차르는 물러섰다. 그리고 러시아는 마침내
입헌군주제를 받아들여 '두마'라는 의회까지 생겼다.
하지만 차르는 여전히 자리를 지켰다.

그래도 러시아는 여전히 제국주의의 야심을 버리지 않았고
독일의 아시아 진출을 껄끄럽게 여겼다.

1907년 러시아는 영국,
프랑스와 손잡고 독일에 맞섰다.
그리고 이란을 나눠먹기로
몰래 영국과 입을 맞추었다.

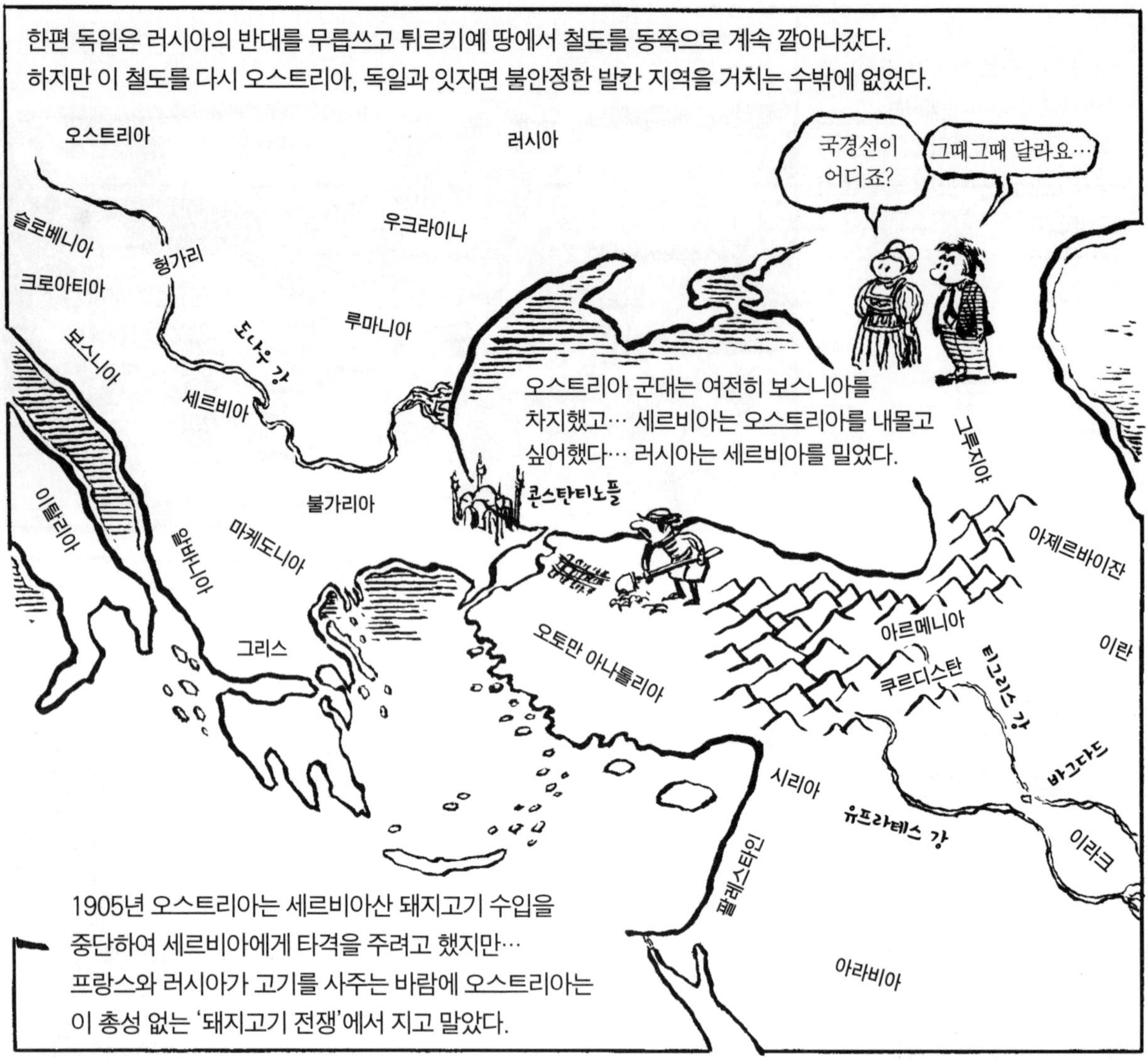

한편 독일은 러시아의 반대를 무릅쓰고 튀르키예 땅에서 철도를 동쪽으로 계속 깔아나갔다.
하지만 이 철도를 다시 오스트리아, 독일과 잇자면 불안정한 발칸 지역을 거치는 수밖에 없었다.

1905년 오스트리아는 세르비아산 돼지고기 수입을 중단하여 세르비아에게 타격을 주려고 했지만… 프랑스와 러시아가 고기를 사주는 바람에 오스트리아는 이 총성 없는 '돼지고기 전쟁'에서 지고 말았다.

1908년 콘스탄티노플은 충격에 휩싸였다. '통일진보위원회'라는 비밀 조직에 몸담은 한 무리의 튀르키예 장교들이 권력을 장악하고 오토만 제국을 현대 공업 국가로 만들겠다고 선언했다.

유럽은 환호했지만 젊은 튀르키예 지도자들이 발칸을 되찾을 작정이라는 소리를 듣고 질겁했다.

상황은 급박하게 돌아갔다.

전쟁과 혁명

오스트리아는 무리한 요구를 열 개나 하면서 세르비아가 안 따르면 재미없을 줄 알라고 으름장을 놓았다.

요구를 거부하면 저쪽에서 어떻게 나올까?

'진짜' 재미없을 줄 알라고 하겠지…

러시아는 세르비아 편을 들기로 했다. 100만 명의 러시아 병사가 무장을 하고 열차에 올랐다.

독일은 러시아의 움직임을 전투 행동으로 받아들이고 역시 군대를 출동시켰다.

프랑스는 러시아와 손잡고 독일과 맞붙었다.

빌헬름 황제는 독일군의 진격 속도를 늦춰달라고 사정했지만 폰 몰트케 참모총장의 생각은 달랐다.

한번 떠난 기차는 되부를 수 없는 줄로 아뢰오!

할머니가 돌아가셔서 그나마 다행이네…

몰트케 장군은 프랑스 북쪽의 방어선을 돌아가면 정확히 8주면 파리에 닿을 자신이 있었다!

그거 말 되네…

몰트케의 우회 작전이 먹혀들자면 벨기에를 거쳐야 했는데 벨기에는 독일군의 입국을 불허했다.

지금은 곤란하다…
기다려 달라…

비켜, 이런 #$%#$% 벨기에 같은 놈아!

독일군은 벨기에로 밀고 들어갔다… 영국은 군대를 보냈다… 영국군과 벨기에군은 몇 주 동안 완강히 저항했다.

이러면 일정이 어긋나잖아!

덕분에 프랑스는 방어선을 쌓을 시간을 벌었고… 독일군은 파리를 코앞에 두고 발이 묶였다… 양측은 땅을 파고들어갔다… 그리고 온갖 신무기를 동원했는데도 그때부터 꼬박 3년 동안 전선은 요지부동이었고 양쪽 군대는 진창에서 뒹굴었다.

이럴 순 없는 거잖아…

열강은 이권이 걸린 곳에서는 무조건 싸웠다…

"하느님을 위해서, 왕실을 위해서, 나라를 위해서, 제국의 영광을 위해서 싸우는 거란다! 넌 나를 위해서 싸우는 거고!"

"맥주 살려!"

식민지 주둔군은 동아프리카에서 충돌했다…
일본은 1905년 이후 영국과 손잡고 중국에 있던 독일 해군 기지에서 독일군을 몰아냈다…♪
영국의 T. E. 로렌스(일명 '아라비아의 로렌스')는 오토만에 맞선 아랍 반란에 불을 붙였다.

"자유를 위해서죠! 영국은 아랍의 독립에는 관심이 없었지만 말이죠!"

칭다오 기지에 독일은 독일 맥주 공장을 지었다. 자국인에게 자국 맥주를 공급하기 위해서였다.

"맥주 거품은 역시 독일이죠!"

1914년 칭다오를 접수한 일본은 맥주 공장에 감탄하여 시설을 샅샅이 조사했다.

"길이 1483미터… 지름 2.88센티미터… 등등…"

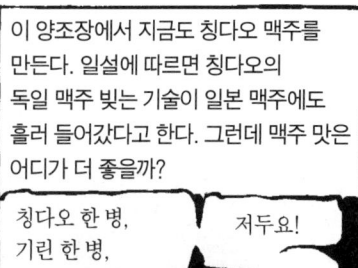

이 양조장에서 지금도 칭다오 맥주를 만든다. 일설에 따르면 칭다오의 독일 맥주 빚는 기술이 일본 맥주에도 흘러 들어갔다고 한다. 그런데 맥주 맛은 어디가 더 좋을까?

"칭다오 한 병, 기린 한 병, 사포로 한 병이요!"

"저두요!"

"저두요!"

> 잘 먹어서 기운이 팔팔한 미군은 프랑스 전선에 합류했고 러시아 정부는 다시 무너졌다.

> 우리가 무너뜨렸죠!

> 군인과 노동자는 좌익 정당에 들어갔고, 이들로 조직된 평의회 곧 소비에트는 봉기와 반란을 주도했다. 1917년 11월 이 좌익 정당 중 하나가 정권을 잡았다. 블라디미르 레닌이 이끈 '다수파'로 알려진 당이었다.

'다수파'(러시아어로는 볼셰비키)는 1차대전이 제국주의를 추구하는 자본주의 국가들끼리의 싸움이며 노동자와는 아무 상관이 없다고 보았다. 그래서 붉은 혁명 세력은 독일과 강화 조약을 재빨리 맺고 전쟁에서 발을 뺐다.

> 바이! 자본가 상전을 위해서 실컷 싸우다 죽으시게들!

> 그런데 '다수파'라니 뭐의 다수파란 소리야?

> 별 뜻 없어. 그냥 멋있게 들려서…

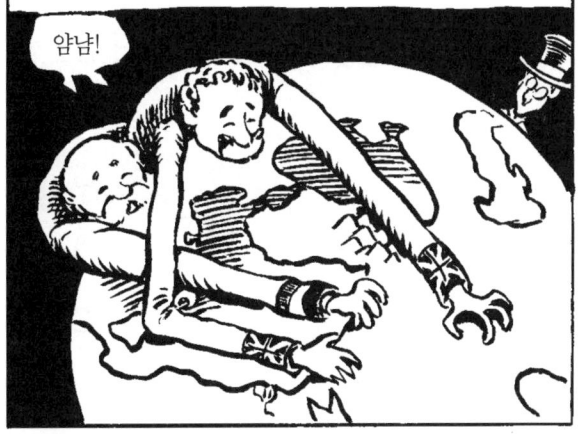

중화 왕국의 종말

중국에서도 혁명이 일어났다.

- 서양사 정리하는 것도 힘들어 죽겠는데 좀 참지 그러셨나요?
- 미안해요… 당신네 이야기에 끼어들어서…

1900년 의화단의 봉기를 누르고 나서 서양 열강은 중국을 배상금 요구로 빚더미에 올려놓았다(157쪽 참조!). 나약한 국력과 빈곤, 후진성, 무기력한 만주족 지도층에 대한 불만으로 온 나라가 들끓었다.

부글 부글… 부글

1908년 황제와 황제의 어머니 서태후(중국의 실권자)가 모두 죽었다. 새로 등극한 황제는 아이였고, 1911년 봉기가 일어났다.

- 전쟁인지 축제인지 당최 분간이 안 가요…

1912년 쑨원이 이끄는 근대화 민주주의 세력은 남부에 중화민국을 세웠지만 나머지 지역은 군벌들이 장악했다.

- 중국의 미래는 우리에게 있다! 동참하라!
- 중국의 현재는 우리에게 있다! 덤벼봐라!

1차대전이 끝나고 나서 서양은 중화민국을 무시하고 베이징의 군벌을 중국의 합법적 지배자로 대접했다.

- 미안… 중국의 미래는 어두워야 하거든요!

그래서 쑨원은 소련 쪽으로 돌아섰다. 소련의 도움으로 쑨원은 민족주의 세력이 모인 국민당을 만들었고 군사력도 키웠다.

- 이참에 대통령이라는 호칭도 군대를 호령하는 총통으로 바꾸시지…?

격동의 20년대

공산당은 유럽에서도 바쁘게 움직였다. 소련은 사방에서 '영구 혁명'을 밀어붙였다. 영구 혁명은 볼셰비키 군사 지도자 레온 트로츠키의 머리에서 나온 생각이었다.

때려부셔!

트로츠키의 추종자들은 거리로 몰려나가서 소동을 벌였다.

때려부셔!

심심하니까 폭약도 좀 던져주시고!

반공 조직도 여기에 대응하면서 시가전이 벌어졌다.

결과: 공산주의 세력은 사방에서 깨졌다(유일하게 헝가리에서만 몇 달 정권을 잡았다).

이해가 안 돼… 혁명은 독일 같은 선진 공업국에서 일어난다고 마르크스가 말했는데 왜 러시아 같은 촌구석에서만 성공했냐고!

혁명은 원래 촌스러운 거라서 그런 게 아닐까요…

반면 베니토 무솔리니 같은 우익 지도자는 1922년 이탈리아에서 권력을 잡았다. 3년도 못 가서 검은 제복을 입은 무솔리니의 투사들은 좌파와 공화정과 모든 반대를 짓눌렀다. '일 두체'(최고통치자)가 된 무솔리니는 자신의 체제를 파시즘이라고 불렀다.

파시즘은 막대기의 묶음을 가리키는 파스케스라는 라틴어에서 나왔다. 파스케스는 단합된 힘을 상징했다.

이탈리아처럼 독일에서도 미술학교 입학시험에서 퇴짜를 맞은 아돌프 히틀러를 비롯하여 불만을 품은 제대 군인들이 나치라는 '민족사회주의당'을 세웠다. 나치는 파시즘 정당이었지만 인종 순수성에 집착한다는 점에서 남달랐다.

이렇게 해서 자본주의는 활황을 맞았다. 재즈의 시대였다. 음악은 박자가 빨라졌고 치마는 짧아졌고 목은 깊숙이 파였다. 자동차, 라디오, 전축은 생활에 혁명을 불러왔다. 그리고 영화는 이런 이미지를 퍼뜨리고 전세계에 모방욕을 불러일으켰다.

오지도 예외는 아니었다.

날 보러 와요, 흔들흔들!

돈 어디 있냐!!

10년도 못 가서 활황은 불황으로 추락했다. 1929년 10월 주식 시장이 붕괴했다.

경기가 안 좋아지니까 은행은 대출금을 회수했고, 돈을 찾으려고 은행으로 몰려든 고객들은 은행의 실상을 깨달았다.

여러분이 맡긴 돈 중에서 은행은 일부만 남기고, 전부 기업에 빌려줍니다. 그래서 지금은 돈이 없고 앞으로도 영원히 없을 겁니다.

돈줄이 마르니까 수많은 사람이 일자리와 집과 농토를 잃었다. 물가와 임금은 곤두박질쳤다.

그래도 은행의 실상을 깨달았으니 앞으론 이런 일이 없겠죠…

수프

우울한 세계

불황은 지구 곳곳으로 퍼져나가 인심을 흉흉하게 만들었다.

권좌에 오른 히틀러는 반대파를 쓸어버렸다. 나치당 안에서도 생각이 조금 달랐던 수백 명을 '장검의 밤' 사건 때 죽여버렸다.

"국가에 반대하면 죽는다는 걸 똑똑히 보여줘야 했다"라고 히틀러는 말했다.

나치는 약속대로 유대인을 억눌렀다. 새 법을 만들어서 유대인은 공직, 전문직에서 배제했고 '아리아인'과 결혼도 못 하게 했다. 몇 세대까지 올라가는 출생 기록을 토대로 모든 독일 국민을 혈통으로 분류했다.

혈통증명서 좀 봅시다!

유대인은 독일 대학과 연구소에서 쫓겨났다. 의사, 변호사, 학생도 예외는 아니었다. 알베르트 아인슈타인 같은 교수도 1933년 외국으로 피신했다.

유능한 과학자를 쫓아내는 것이 국익에 도움이 될까요?

당신 유대인 이지?

나치는 자축하면서 일사불란하게 대규모 집회를 벌여 공포 분위기를 조장했다.

와… 별 볼일 없는 화가 지망생이 무대 연출가 하난 잘 만났군.

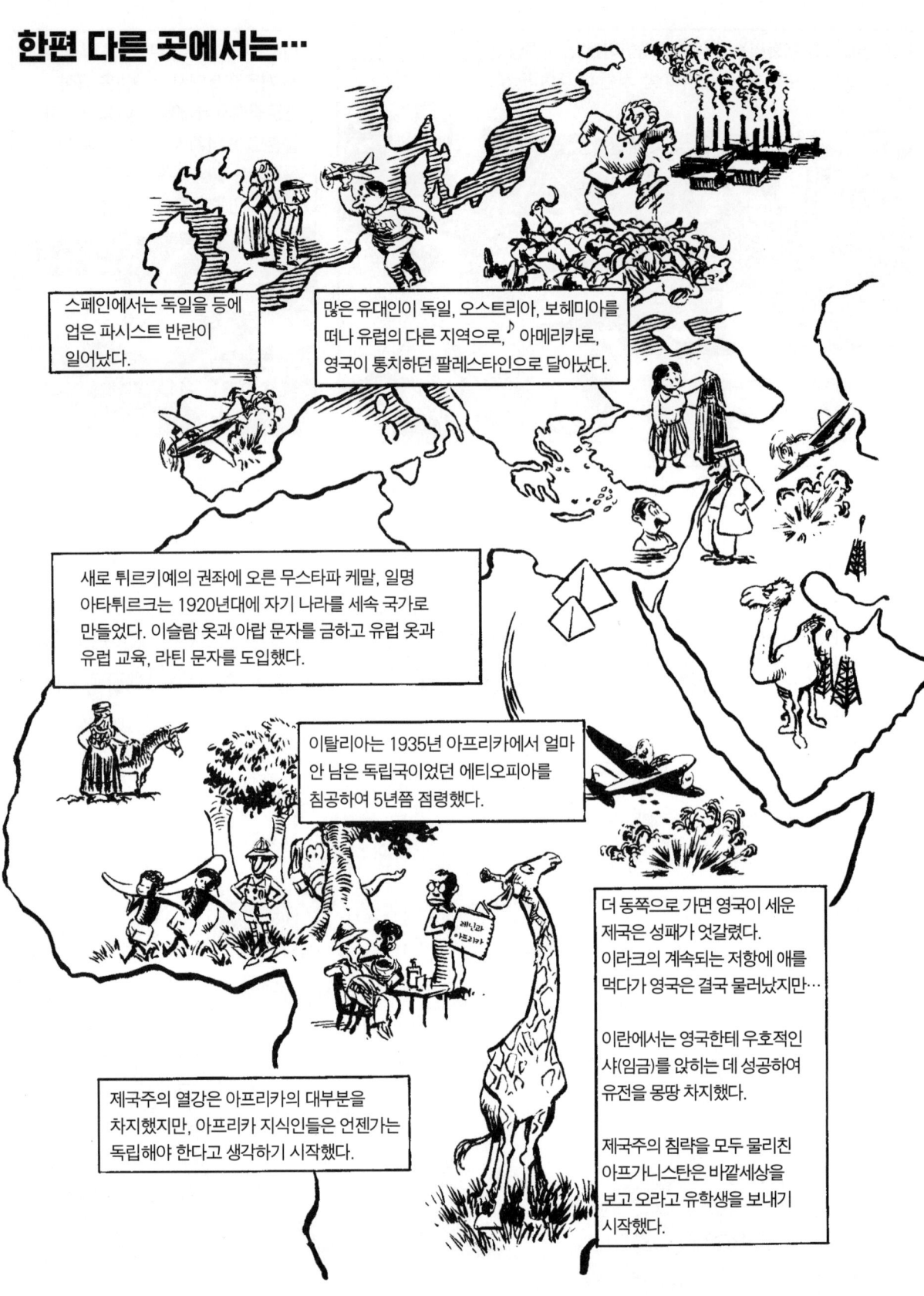

소련에서는 스탈린의 5개년 계획으로 도시는 일어나고 농촌은 망가졌다. 소련의 정치위원들은 농사에 쓸 종자까지 징발하여 공장 노동자에게 먹였고 농민은 씨앗이 없어 농사를 못 지었다. 군대는 농민을 총살하고 땅을 국가에 귀속시켰다. 식량난이 벌어졌고 특히 우크라이나를 중심으로 수백만이 굶어죽었다.

인도에서는 영국의 지배에 맞서는 적극적 항쟁이 시작되었다. (나중에 자세히 다룬다!)

중국에서는 일본이 만주를 계속 점령했고 국민당과 공산당은 내전을 벌였다… 1936년 공산당은 패색이 짙어지자 근거지를 버리고 서부 산악 지대로 무려 6000킬로미터가 넘는 대장정에 들어갔다… 이듬해 일본은 중국으로 쳐들어갔다.

비유대인 중에도 독일을 떠난 사람이 있었다. 영국계인 데다가 정치적으로 삐딱한 생각을 가졌다는 이유로 위기에 몰린 에르빈 슈뢰딩거 같은 물리학자도 그랬다.

일정한 숫자의 난민을 받아들이던 영국은 저명한 슈뢰딩거에게 금쪽같은 영주권을 주었다. 하지만 슈뢰딩거는 제자를 위해 한 장을 더 달라고 요구했다.

음… 그럼 유대인 몫이 한 장 줄어드는데…

과학을 졸로 보는 겁니까?

왜 제자를 챙겼을까? 알고 보니 슈뢰딩거는 제자의 아내와 그렇고 그런 사이였다.

그게… '과학'이야?

생물학도 과학이죠!

전쟁과 혁명(계속)

히틀러 치하에서 독일은 재무장에 들어갔지만 영국과 프랑스는 그러지 못했다.

나치 군대는 오리처럼 다리를 쭉쭉 뻗으면서 행진을 했다.

카바레 쇼걸도 이러진 않을걸…

너 왜 아픈 델 찌르니?

1938년이면 히틀러는 마구 발길질을 해대면서 오스트리아를 먹고 체코슬로바키아 일부도 차지했지만, 영국과 프랑스는 힘이 없어 맞서지를 못했다.

염려 마! 이번이 마지막 요구니까!

나치는 열렬한 환영을 받으면서 새로운 점령지로 밀고 들어가 정적과 유대인을 무자비하게 탄압했다.

영국과 프랑스가 허겁지겁 재무장을 하는 동안 독일은 소련과 전격적으로 밀약을 맺었다.

쉿!

뭐?

그때까지 앙숙이었던 히틀러와 스탈린은 폴란드를 나눠 갖기로 몰래 합의했다.

9월 1일 독일군은 압도적 무력으로 폴란드를 침공했다. 이른바 '전격전'이었다.

독일군 특무대는 유대인을 잡아들여 수천 명씩 총살했다.

영국과 프랑스는 선전포고를 했다… 독일군 폭격기는 영국 도시를 폭격했고 영국 공군은 어렵게 맞섰다.

프랑스는 맥없이 무너졌고 히틀러는 고분고분한 친독 정권을 세웠다.

우리나 댁이나 1차대전의 악몽을 되풀이하고 싶진 않잖소!

그럼요 그럼요
그럼요 그럼요
그럼요 그럼요

1941년 독일은 유럽을 거의 다 먹었다. 오직 영국만이 버텼다.

"우리는 해변에서 싸우고 비행장에서 싸우고 들판과 거리에서 싸우고 언덕에서 싸우겠습니다. 우리는 결코 무릎 꿇지 않겠습니다!"

처칠

한편 아시아에서는 일본이 중국으로 밀고 내려오자 미국은 대일본 원유 수출 금지로 맞섰다.

연료난에 직면한 일본은 석유가 많이 나던 네덜란드령 동인도로 쳐들어갔다.

그리고 두 개의 어마어마한 실수가 이어졌다.

실수1: 1941년 6월 히틀러는 독일군을 소련으로 들여보내 스탈린의 성질을 긁었다.

앗싸! 무적의 게르만 초인이 미개한 슬라브족을 노예로 삼도다! 전쟁은 나의 운명! 나의 힘!

진정제 좀 먹여야 되는 거 아냐?

실수2: 12월 7일 일본은 하와이 진주만의 미군 함대에 기습 공격을 퍼부었다.

둘 다 실책이었다! 독일, 파시스트 이탈리아, 일본이 주축을 이룬 '추축국'은 이제 새로운 두 강적을 상대해야 했다. 소련은 히틀러 군대를 나폴레옹 군대처럼 삼켰다.

봐! 적의 뱃속으로 뚫고 들어갔잖아!

어디로 나오느냐가 문제죠!

미국은 초고속으로 해군력을 다시 키워서 일본과 맞붙었다.

러시아의 겨울을 두 번 치르면서 소련군은 독일군을 몰아냈지만 양쪽 모두 심각한 타격을 입었다.	영국과 미국의 폭격기는 독일 도시를 잇따라 쑥밭으로 만들었다.

(연합국의 폭격으로 수많은 민간인이 죽었지만 전쟁으로 죽은 사람의 85퍼센트는 연합국 쪽에서 나왔다. 주로 러시아인, 중국인, 유대인이었다.)

아무리 심각한 타격을 입었어도 독일은 '유대인 문제'의 '해결'을 위한 자원은 동원할 수 있었다.

"시간이 얼마 없다!"

독일군은 유대인을 짐칸에 몰아넣었고, 열차는 그들을 실어날랐다. 수용소는 그들을 가두었고, 독가스는 그들을 죽였으며, 화덕은 그들의 시신을 태웠다.

"빨랑 빨랑 빨랑!"

폴란드로 밀고 들어간 러시아군은 뼈만 앙상한 유대인과 죽은 유대인을 수없이 발견했다.

"#%$!!" "알고 보니 마음이 무척 여리시구면…"

1944년 6월 미군, 영국군, 항독 프랑스군은 프랑스를 수복하고, 독일로 밀고 들어갔다. 죽음의 수용소는 더 많이 발견됐다.

1945년 4월 연합군이 베를린에 들어가자 히틀러는 자살했고 독일은 재빨리 항복했다.

"중요한 교훈을 얻었으리라 믿소!" "교훈이요?"

"무슨 교훈?" "자본주의! 민주주의!" "공산주의!" "으아…"

한편 태평양에서는 전쟁이 삼중으로 벌어졌다.

광범위한 공중전을
수반한 해전…

무더운 열대 섬에서
벌어지는 밀림의 육박전…

마지막으로, 미군은 목조 가옥이
많은 일본의 도시 십여 곳을
폭격할 수 있는 거리까지 접근했다.

여기서 알베르트 아인슈타인이
불쑥 등장한다. 벌써 1939년에
그는 루스벨트에게 실험물리학에서
밝혀낸 몇 가지 사실을 알리는
편지를 썼다.

"대량의 우라늄 안에서 핵 연쇄 반응을
일으킬 수 있을 것입니다. 거기서
엄청난 괴력이 나온다는 뜻이죠."

아인슈타인은 이런 결과는 조만간
상상조차 하기 어려운 강력한
신무기를 만들어낼 것이라고
덧붙였다.

"이런 폭탄 하나를 배에 싣고 가서
항구에서 터뜨리면 항구 전체와
그 주변 일대를 아주 박살낼 수가
있습니다."

핵심은 앞에서 살펴본 대로 작은
질량을 거대한 에너지로 바꿔주는
$E=MC^2$라는 방정식이었다.

"미국은 우라늄광이 빈약합니다.
캐나다와 과거의 체코슬로바키아
지역에 양질의 우라늄광이 좀
있지만, 가장 좋은 것은…
벨기에령 콩고에 있습니다.
제가 알기로 독일은
체코슬로바키아의 우라늄 반출을
금지했습니다."

미국 국방부는 뉴멕시코의 사막에다 도시를 짓고 이곳에다 일급 과학자들을 모아놓고 4년 동안 신무기 개발에 몰두했다.

폭탄이 완성된 1945년 7월이면 독일은 이미 항복한 뒤였다.

그러나 일본은 계속 싸웠다. 일본 본토로 상륙하면 극렬한 저항에 부딪칠 가능성이 높았다. 그래서 트루먼 대통령(루스벨트는 넉 달 전 죽었다)은 투하 명령을 내렸고 B29기가 폭탄 한 방을 싣고 일본으로 떠났다.

1945년 8월 6일 히로시마: 폭발이 일어나자 눈부시게 새하얀 빛이 번쩍 했다. 눈을 감아도 대낮처럼 환히 비쳤다.

이어서 돌풍과 열기와
어마어마한 구름…
히로시마는 사라졌다.

그래도 일본은 버텼다.
8월 9일 두 번째 핵폭탄이
나가사키를 지워버리자
일본은 항복했다.

빛에 관한 이론이 짙은 어둠을
만들어낸 것이다. 그것은 계몽 시대가
만들어낸 가장 어두운 발명품이었다.

아인슈타인의 이론도 그 적용도 상식을
무너뜨렸다. 원자탄 한 개는 무기지만
몇천 개는 우리 모두를 날려버릴 수가
있다. 그런데도 사람들은 기를 쓰고
더 많은 원자탄을 만들었다.

무력에서 밀리면 끝장이죠!

다음은, 이성을 넘어?

2차대전이 끝나자
두 개의 초강대국이 나타났다.

전쟁에서 가장 큰 피해를 본 나라는 아마도 중국을 제외하고는 소련이었다. 2000만 명의 소련 국민이 죽었다. 10명 중 1명꼴로 죽은 셈이었다. 웬만한 도시는 다 무너져 내렸다. 그렇지만 워낙 큰 나라라서 화를 면한 곳도 많았다. 동유럽의 대부분을 군대로 점령한 스탈린은 이제 소련식 체제를 퍼뜨릴 수 있는 새로운 기회를 노렸다.

그것은 무거운 손으로 내리누르는 높은 이상을 가진 체제였다. 실탄과 피해망상에 걸린 독재자와 흉한 건축물과 검열과 보드카를 동원한 가난과의 전쟁이었다.

미국은 60만 명의 군인을 해외에서 잃었다. 그러나 국내의 광산, 유전, 공장, 다리, 도시, 고속도로, 발전소, 댐은 멀쩡했고 육군과 해군이 세계 곳곳에 주둔했다.

희망과 허위, 공공 정신과 공공 홍보, 민주주의와 달러, 햄버거와 콜라로 버무려진 미국 문화도 사방으로 퍼져나갈 준비를 했다!

차이는 있었지만 두 거인은 그럭저럭 지내는 요령을 터득했다. 처음에는 40개 나라와 함께 국제연합을 만들었다. 국제연합은 아주 민주적인 국제 조직이었지만 문제는 미국, 소련, 영국, 프랑스, 중국에게만 거부권이 주어졌다는 점이었다.

> 그것만 빼면 모든 나라가 한 표씩 가졌죠!

안 중요한 나라 / *무지 중요한 나라* / *중요한 척하는 나라*

(소련은 사실은 세 표를 가졌다. 스탈린은 국제연합에 들어갈 테니 소련 안의 '공화국'인 벨로루시와 우크라이나에게도 따로 표를 주어야 한다고 우겼다.)

소련과 미국은 죽이 맞았다. 소련은 동유럽에서 군대를 빼는 데 합의했다. 한반도가 독립해야 한다는 데도 동의했다. 그리고 핵무기도 아마도, 아마도 국제 통제 아래 둘 수 있을 것이라는 점에 대해서도 이견이 없었다. 그러나 이 모든 것은 그저 말뿐인 것으로 드러났다.

> 우리 존경하는 동지께옵서 콩으로 메주를 쑨다고 해도 당최 믿기지가 않으니 유감이로소이다…

미국 / *소련*

> 썩은 자본주의의 신봉자가 콩으로 메주를 쑤는 신성한 노동을 몰라보는 건 당연하지요…

미국과 소련은 그리스 내전에서도 부딪쳤다. 소련은 미군을 내몰려고 베를린을 봉쇄했지만 미국은 밀려나지 않고 버텼다. 전운이 감돌았다.

1948년에 이르면, 소련은 발트3국을 흡수했고 동독을 비롯하여 모든 점령국에 친소 정부를 세웠다. 서방은 소련에 맞서 나토라는 군사 동맹을 결성했고 소련권도 나토에 맞서 바르샤바 조약기구를 결성했다.

(나토는 '북 대서양 조약 기구'의 머리글자다.)

중국 공산당의 승리

모스크바와 워싱턴의 갈등이 좀 가라앉나 싶었지만 중국은 또다시 시끌시끌했다.

국민당과 공산당은 1927년부터 줄기차게 싸웠지만, 전쟁이 끝난 1945년 연합국들은 두 집단의 화해를 촉구했다.

미국이 평화를 요구한 데는 이유가 있었다.

전쟁이 끝났지만 중국은 아수라장이고 공산당은 얼마 안 되잖아!

스탈린도 이유가 있었다.

밀지 말라니깐!

공장 노동자가 별로 없는 중국 같은 농업 국가에서 사회주의는 실현될 수 없다고 스탈린이 신봉한 마르크스주의 교과서에는 쓰여 있다.

봐! 안 봐!

그런데도 못 말리는 중국의 공산당 지도자 마오쩌둥은 농민은 시야가 좁고 이기적이고 보수적이라는 '만인의 상식'을 거부하고 농민도 혁명을 일으킬 수 있다고 생각했다.

내가 오죽했으면 농민을 쏴 죽였겠느냐구!

스탈린은 이 괴짜 사이비 마르크스주의자가 중국 같은 중요한 나라를 다스리리라는 생각은 차마 하기가 싫었다.

솔직히… 저 친구만 보면 영 불안하거든…

체! 그러는 댁은!

그래도… 말로 푸는 수밖에 없었다.

알았죠?

그래… 임마!

국민당 출신 군인의 충원으로 인민군 규모는 4배로 불어났다.

국민당 출신 인민군은 일본군 무기가 숨겨진 곳도 잘 알았다.

국민당은 부패했고 부자를 밀었으며 군벌들과 결탁했지만, 공산당은 상대적으로 깨끗했고 빈민을 헌신적으로 보살폈고 게릴라전에 뛰어났다.

결국 1949년 5월의 봉기로 공산군은 베이징으로 입성하여 중화인민공화국을 세웠다.

음... 쩝... 끙...

모스크바

으악!

워싱턴

한편 장제스와 추종 세력은 큼직한 섬 타이완으로 달아났다.

장제스의 중화민국은 지금도 타이완에 남아 있다.

뉴욕에서 소련은 새 중국 정부의 승인을 유엔에 요청했지만, 미국이 거절하는 바람에 타이완이 '중국 자리'를 차지했다. 러시아는 항의하면서 유엔에서 탈퇴했다.

%$#$ 유엔은 미국의 허수아비!

소련은 얼마 뒤 자체 원자폭탄♪을 실험했다. 방사능 먼지가 날아갔고 미국 과학자들은 이것을 탐지했다. 세계는 가공할 현실 앞에 할 말을 잃었다.

뛰뛰뛰뛰뛰
망했다…

미국의 원자탄 개발을 주도한 사람은 로버트 오펜하이머였다. 그는 물리학자였지만 문학에도 밝았고 신비주의 쪽으로도 기울었다. 뉴멕시코에서 처음 원폭 실험을 할 당시 인도 서사시 바가바드기타가 떠오르더라고 말했다.

"나는 이 세상과 저 세상을 파괴하는 죽음이 되었노라…"

소련의 원폭 개발은 이고르 쿠르차토프가 주도했다. 쿠르차토프는 시상을 떠올릴 마음의 여유가 없었다. 그는 비밀경찰국장 라브렌티 베리야에게 보고했는데, 베리야는 툭하면 스파이나 반역자로 몰고 가는 사람이었다.

어깨 너머로 본다고 해서 설마 기분 나빠지는 않겠지, 쿠르차토프 동무…

소련의 원폭 실험이 성공했을 때 어떤 기분이 들었느냐고 누군가 물었을 때 쿠르차토프는 이렇게 말했다.

이제 살았구나 싶었죠. 실패했으면 총살당했겠죠!

또 싸워?

한반도 분쟁은 세계정세를 드러냈다. 양쪽이 잔뜩 인상을 쓰고 무기를 든 채로 꽁꽁 얼어붙은 상황이었다. 이름하여 냉전이었다.

어떤 무기? 양쪽은 더 빠른 제트기, 장거리 폭격기, 잠수함, 항공모함, 컴퓨터 제어망을 앞다투어 만들었고 핵무기도 자꾸 쏟아냈다.

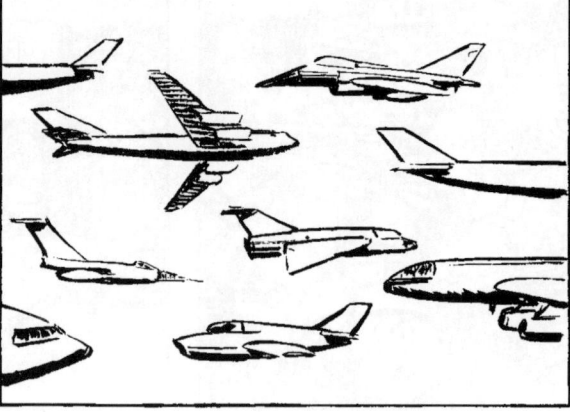

원자탄보다 무서운 무기도 나왔다! 1952년 미국은 최초의 수소폭탄을 실험했다. 수소폭탄의 파괴력은 최초의 원자폭탄이 보여준 파괴력의 500배에 가까웠다. 러시아도 1955년에 수소폭탄을 완성했다.

그리고 '탄두'를 중국집에서 가정집까지 짜장면 배달하는 데 걸릴 만큼의 시간에 세계 어디로나 실어 나르는 로켓도 나왔다.

1950년대만 하더라도 살벌했다. 학교에서는 공습 대피 훈련이 수시로 벌어졌다. 사이렌이 울리면 한 손으로 목덜미를 가리고 책상 밑에 납작 엎드렸다.

식민지여, 안녕

초강대국들이 식식거리는 동안에도 세계는 할 일이 많았다. 아시아, 아프리카, 라틴아메리카에서 유럽 나라들의 제국이 하나둘 쪼개지거나 무너졌다.

먼저 해방된 지역은 먹음직한 열매가 많이 나고 기름이 콸콸 쏟아지던 네덜란드의 동인도였다.

2차대전 당시 독일이 네덜란드를 점령한 틈을 타서 일본은 이곳으로 들어와서 네덜란드인을 잡아들이고 수카르노를 독재자로 앉혔다.

아시아는 아시아인의 손으로!
부당하다!
비인도적이다!
사유재산 침해다!

그 후 일본의 패전으로, 수카르노는 독립을 선언하고 나라 이름을 인도네시아로 지었다. 전쟁으로 약해진 네덜란드는 물러나는 수밖에 없었다.

비인도적이다!
부당하다!
사유재산 침해를 규탄한다!

삐걱거리는 구제국은 사방에서 식민지 독립 운동과 부딪혔고, 신흥 강대국은 사방에서 영향력을 넓혀갔다.

에구구… 너까지 쓰러지면 우린 어쩌라는 거니?

숨이 넘어가려나봐, 이를 어째.

걱정 마소! 우리가 돈을 왕창 빌려줄 테니까 소야 죽든 말든 상관 마소!

대신 우리 말만 잘 들어주소!

간디의 가르침과 전략 덕분에 국민의회는 인도인 절대 다수의 지지를 받았다. 국민의회의 시위와 집회에는 인도인이 구름떼처럼 모여들었다. 사람들은 그를 마하트마라고 불렀다. 위대한 영혼이라는 뜻이었다.

2차대전이 터지자 영국은 국민의회 지도자를 재빨리 투옥했다!

참자!

힌두교도의 분노가 무슬림의 행진을
폭동으로 변질시키고 여기서 수백 명이 죽자
국민의회는 망연자실했다.

영국과 국민의회는 평화를 위해 물러나기로 합의하고
파키스탄을 위해 국경선을 새로 그었다.

이런 칼질은 내가 잘 하지!

하지만 평화는 오지 않았다. 폭동은 학살이 되었고, 한 지역민 전체가 고향을 등지고
타향으로 떠나야 하는 경우가 많았다. 이때 100만 명이 죽은 것으로 추정된다.

1948년 1월 1일 인도와 파키스탄은
각각 독립을 자축했다.

한 달 뒤 호전적인 힌두교도가
파키스탄이 떨어져 나가도록 방치했다면서
간디를 암살했다.

반세기가 훨씬 지난
지금도 두 나라는
앙숙이다.

유대인의 행로

아랍 세계에서 영국은 과거의 오토만 땅을 여전히 지배했다. 동으로는 이집트에서 거의 모든 아랍 나라에다가 이란까지 영국의 통치를 직접 받든가 아니면 친영 정부가 들어서 있었다.

그러나 잠잠하지 않은 곳이 딱 하나 있었다. 그곳은 바람 잘 날이 없었던 땅이었다.

수십 년 전부터 유럽의 시온주의자들은 팔레스타인에 정착했다. 1920년대까지 수만 명이 이곳에 당도했다.

시온주의자들은 농사를 지으려고 누군가로부터 땅을 샀다. 땅 임자는 썩어 문드러지는 오토만 제국의 기록보존소에 파묻혀서 정확히 누구인지 알 수가 없었지만 말이다.

팔레스타인의 아랍인은 이것을 토지 강탈로 여겨 분노했고 폭력을 휘두르기도 했다.

유대인은 자경단을 조직했고 아랍인을 괄시했다.

더 많은 유대인이 도착하자 싸움은 더 심해졌다. 1937년 영국은 아랍인을 달래려고 유대인 이민을 막고 반시온주의의 선봉장이자 히틀러를 숭배하던 예루살렘의 대무프티(최고 이슬람 율법자) 하즈 알리를 밀었다.

유럽에서 보금자리를 잃은 유대인은 이스라엘로 밀려들어 아랍인을 사정없이 몰아냈다.

팔레스타인 난민은 이웃나라인 레바논, 요르단, 시리아, 이집트로 밀려갔다.

"환영합니다, 형제자매 여러분! 계산은 누가 하실 거죠?"

많은 사람이 집과 일터를 얻었지만 가난한 사람은 난민촌으로 갔다. 지금도 난민촌은 사람으로 바글거린다.

예루살렘의 대무프티 하즈 알리는 입에 담기도 싫은 신생국 이스라엘을 아예 지워버리자고 아랍국들에게 로비를 넣었고, 아랍국들은 여기에 응했다.

"정말이지 명예를 위해서라도 시온주의 세력에 맞서 아랍이 뭉쳐야 합니다! 그런데 저 망할 놈의 시리아도 끌어들일 건가요?"

하지만 아랍국들은 명예보다는 잇속을 챙기려든다고 서로를 의심했으므로 열정도 부족했고 손발도 안 맞았다.

"돌격! 돌격!" "너부터 돌격!"

반면 이스라엘은 체코슬로바키아로부터 무기를 대거 사들였다(스탈린이 묵인했다).

"헉! 댁의 일거수일투족을 훤히 내려다보고 있네요!"
"제가 이러고 삽니다…"

결과: 이스라엘이 아랍국들을 눌렀다.

"유대인이 비행기까지 몰아?"

이스라엘은 살아났고, 팔레스타인 난민은 더 늘어났다. 아랍국들은 울분을 삼켰고, 영국의 희망은 사라졌다.

"그래도 우리한텐 아직 홍콩이 있잖아…"

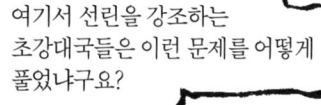

스파이 대 스파이

한편으로 미국과 소련은 자기 체제의 우월성을 세계에 과시하려고 했다. 미국은 흑인에게도 시민권을 주었다. 미국 공장에서는 텔레비전, 자동차, 가전제품이 쏟아져 나왔다. 한편 소련은 빈부 격차가 적다는 점을 강조했으며 고전 음악과 무용, 로켓 과학도 소련의 자랑거리였다. 1957년 소련은 최초의 인공위성 스푸트니크 호를 지구 궤도로 쏘아올려 미국을 충격에 빠뜨렸다.

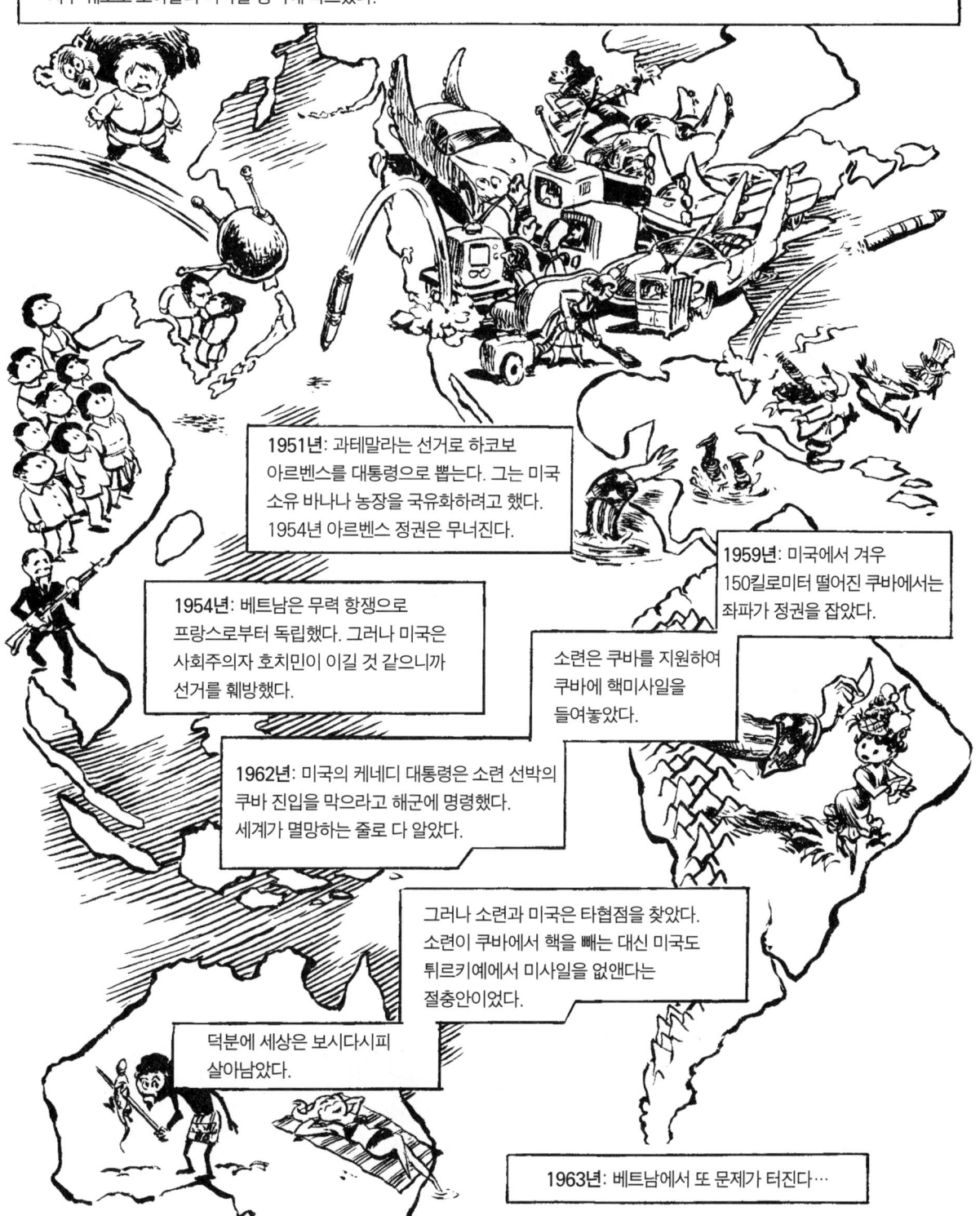

1951년: 과테말라는 선거로 하코보 아르벤스를 대통령으로 뽑는다. 그는 미국 소유 바나나 농장을 국유화하려고 했다. 1954년 아르벤스 정권은 무너진다.

1959년: 미국에서 겨우 150킬로미터 떨어진 쿠바에서는 좌파가 정권을 잡았다.

1954년: 베트남은 무력 항쟁으로 프랑스로부터 독립했다. 그러나 미국은 사회주의자 호치민이 이길 것 같으니까 선거를 훼방했다.

소련은 쿠바를 지원하여 쿠바에 핵미사일을 들여놓았다.

1962년: 미국의 케네디 대통령은 소련 선박의 쿠바 진입을 막으라고 해군에 명령했다. 세계가 멸망하는 줄로 다 알았다.

그러나 소련과 미국은 타협점을 찾았다. 소련이 쿠바에서 핵을 빼는 대신 미국도 튀르키예에서 미사일을 없앤다는 절충안이었다.

덕분에 세상은 보시다시피 살아남았다.

1963년: 베트남에서 또 문제가 터진다…

'60년대식'

한반도처럼 베트남도 나라가 오래 둘로 갈라져 있었다. 북은 스탈린주의 체제였고 남은 친서방 독재 대통령이 다스렸다.

그러나 한반도와는 달리 남베트남에는 정글이 있어서 저항군 곧 베트콩은 그리로 숨을 수가 있었다.

1960년대 초반 미국은 저항군과 싸우는 남베트남 정부를 돕기 위해 군대와 고문단을 보냈다.

그렇지만 베트콩의 공세를 늦추지는 못했다. 아니, 공격은 더 거세졌다.

미국은 부패한 베트남 지도부를 비난했다. 결국 케네디의 가호 아래 남베트남 대통령 응오딘지엠이 사살당하고 응우옌까오끼 대령이 권좌에 올랐다.

케네디는 쿠데타가 별다른 차이를 낳지 않았음을 영영 확인하지 못했다. 자신도 정확히 3주 뒤 (1963년 11월 22일) 암살당했기 때문이다.

케네디를 죽인 리 하비 오스왈드는 텍사스 출신으로 해병대를 나왔고 공산주의자였으며 명예욕이 강했고 미국이 쿠바를 다루는 태도 등 여러 가지로 불만이 많았다.

암살 몇 달 전 그는 멕시코시티의 소련 대사관에 갔는데 FBI는 여기에는 특별한 목적이 없었다고 늘 밝혔다.

증거에 따르면 총을 쏜 사람은 오스왈드뿐이었지만, 암살을 정말 혼자서 모의했을까? 우리는 영영 알지 못하리라.

베트남에서는 전쟁이 갈수록 치열해졌다. 케네디의 후임자 린든 존슨은 더 많은 미국 '군사 고문'과 전투병을 보냈다.

그래도 전세가 달라지지 않자 존슨은 병력을 계속 더 보냈다. 결국 1968년까지 55만 명의 미군이 베트남에서 싸웠다.

미국은 작은 베트남 땅에 2차대전 때보다 더 많은 폭탄을 떨어뜨렸고, 맹독성 화학물질로 밀림을 말려 죽였고, 마을을 폭격하고, 주민을 수용소로 몰아넣었다. 이 과정에 전자 감지장치, 컴퓨터, 야간 투시경 같은 첨단 기기를 동원했지만 전세를 뒤집지는 못했다.

그리고 이 모든 것이 텔레비전에 생생히 나왔다.

화염과 죽음을 지겹도록 본 수많은 미국인이 정부에 항의하여 거리로 몰려나왔다.

아기 죽이는 게 민주주의냐!

TV가 바보상자인 줄 알았더니 아닌가 보네...

시위대가 반대한 것은 전쟁만이 아니었다. 반전 운동은 기존의 가치를 모조리 반대했다. 젊은 세대는 국제 정치를 분별없고 어리석은 '권력 놀음'이라고 보았다. 그래서 잘못된 낡은 관습을 새로운 관습으로 바꾸자고 했다. 그것은 평화, 사랑, 마약이 주는 황홀경, 헐렁한 가운, 알록달록한 나팔바지, 자유분방한 섹스였다. 인생은 공원에서 갖는 피크닉 같았다!

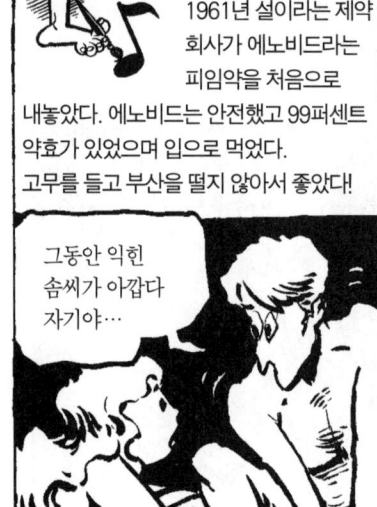

이 머리가 굵은 세대, 다시 말해서 2차대전 이후에 태어난 '베이비붐' 세대가 세상을 보는 눈은 나라마다 달랐다.

1968년의 프랑스: 좌파 학생들이 들고 일어나서 대학을 점거했고 대학은 문을 닫았다.

체코슬로바키아: 반소 시위대는 러시아 탱크 앞에서 꽃을 흔들었다.

중국: 가장 규모가 크고 색다른 학생 시위가 정부의 비호 아래 벌어졌다!

마오쩌둥 서기장과 그의 아내 장칭, 그리고 가까운 몇 사람은 젊은이의 혈기를 이용하여 반대파를 잡기로 했다!

"역시 내 남편이야!"

마오쩌둥의 말을 하늘처럼 떠받들도록 교육받은 수백만 명의 학생 '홍위병'은 교수를 불러다 앉혀놓고 마오쩌둥의 저작에서 따온 인용문으로 몰아세웠다. 이들의 서슬에 늙은 노인은 고해도 하고 죽기도 했다. 선생님한테 소리를 질러도 좋다고 하면 무슨 일을 벌일지 모르는 것이 아이다.

그러는 동안에도 미국은 남북을 가리지 않고
베트남에 폭격을 퍼부었지만 전세는 그대로였다.

… 미국의 반전 운동은 혁명 세력을 퍼뜨렸고 이들은
주류의 지원을 얻어냈다.

정부는 국민의 관심을 다른 데로 돌릴 필요를 느꼈다.

* 돼지 멱을 따자 = 폭력 경찰 모가지를 자르자

엉큼하기로 소문난 리처드 닉슨 대통령과
그의 정책 보좌관 헨리 키신저는 중국과의 수교라는
묘수를 찾아냈다.

중국도 러시아와 껄끄러운 점이 있다는 걸 미국은
간파했다. 중국은 북베트남도 믿지 않았다.
공산주의자들이라고 다 똑같은 게 아니었다!

그래서 닉슨은 중국으로 가서 마오를 만났고 중국은
유엔에서 거부권을 휘두를 수 있는 자리를 얻었다.

중국과의 수교는 물론 잘된 일이었지만 아무튼 미국은 베트남에서 떠나야 했다. 북이 남을 제압하자 반공주의자들도 나라 밖으로 달아났다.

(그동안 베트남의 옆나라 캄보디아에서는 중국하고 가까운 크메르 루주가 정권을 잡아 캄보디아를 해골의 나라로 만들어놓았다.)

그래도 러시아가 얼쩡거리지 않는 게 어딥니까!

10년 동안 베트남에서 진을 뺀 미국은 더 이상 싸울 기력이 없었고 안에서 싸우기에도 바빴다. 좌파는 전쟁은 범죄라고 부르짖었고, 우파는 범죄가 승리하도록 내버려 두어서는 안 된다고 외쳤다.

히피! 전쟁광!

그 무렵 미국은 마약, 십대 임신, 성병, 노숙자로 들끓었다. 한마디로 쇠망의 징조였다.

그래서 내가 민간 경호사업에 뛰어들었다는 거 아닙니까!*

* 전에 내가 파티에서 누구한테 들은 소리!

미국 밖에서는 좌파가 공세로 나섰다.

칠레, 니카라과, 그라나다, 가이아나에서 좌익 정부가 들어섰다. 여타 중남미 지역에서도 봉기가 잇따랐다. 미국은 반혁명 세력을 밀어서 분위기를 되짚으려고 했다.

밟을수록 말려드는 이 상황은 뭐지!

가깝던 친구들까지 기어올랐다! 산유국들은 한통속이 되어서 기름값을 크게 올렸다. 덕분에 벼락부자도 속출했다.

힘들지?

그리고 모든 사람의 상식을 허무는 혁명도 일어났다.

숨은 얼굴들

이란은 한때는 자랑스러운 제국이었지만 지금은 친서방 노선을 걷는 국왕 무함마드 레자 팔레비의 통치 아래 있었다.

팔레비는 근대화가 꿈이었다.

> 나라가 잘 살면 왕도 국물이 많이 생기죠!

팔레비는 강압 행위로 국민의 원성을 산 비밀경찰도 대규모로 유지했다.

> 백성이 쫄아야 왕이 두 다리 뻗는 법이거든요!!

1979년 팔레비가 병이 나자 혁명이 벌어졌다.

> 암 수술을 받으러 서방으로 가는 팔레비

이란 왕은 미국과 가까웠으므로 소련은 혁명을 반겼다. 그래서 이란의 공산주의자를 비롯하여 좌파 세력도 혁명에 동참했다.

그런데 웬걸! 거리의 시위 군중이 선택한 길은 전혀 달랐다. 이란 국민은 전능한 아야톨라가 다스리는 이슬람 '공화국'을 요구한, 시아파 종교지도자 아야톨라 루홀라 호메이니의 길을 따랐다.

> 망했다!

한편 후방에서 러시아 국민은 여전히 비좁고 조악한 아파트에서 살면서 식료품을 사려고 몇 시간씩 줄을 섰다. 불평하면 언제 잡혀갈지 몰랐다.

소련을 더 힘들게 한 것은 미국의 새로운 도전이었다. 로널드 레이건 미국 대통령은 신무기를 빠르게 만들어나갔다.

"우리더러 무기나 만들다가 굶어죽으란 소리죠!"

군비 경쟁에서 한계를 느낀 공산주의자들은 개혁과 쇄신을 추구했다. 미하일 고르바초프 서기장이 선봉장이었다.

"고르비, 파이팅!"

고르바초프는 레이건을 만났다. 두 초강대국은 처음으로 핵무기 일부 폐기에 동의했다.

"댁이나 나나 히피가 딱인데 말이죠!" "끙…"

1988년 소련은 아프가니스탄에서 철수하기로 했다. 1989년 초까지는 소련군이 싹 떠났다.

"팬레터가 쇄도했죠!"

레이건 대통령의 부인 낸시 여사는 타락한 사회 분위기를 개탄하여 마약 반대 운동을 벌이면서 이런 구호를 내걸었다.

"따라해요, '싫어!'" "싫어!"

본 만화가는 전에 레이건 여사가 TV 토크쇼에 나와서 왜 이런 운동에 나섰는지 설명하는 것을 들은 적이 있다.

"그건 말이죠, 님아[사회자 이름은 까먹었다], 마약은 사람을 다운시키잖아요!"

'다운'이라는 말이 마약 사용자들 사이에서는 '진정제'라는 뜻으로 쓰인다는 걸 레이건 여사가 모르고 한 말이었다.

"느낌이 야시시한 것이… 뭐랄까… 붕 뜬다고나 할까…"

동유럽 전역에서 시위가 터졌고, 거의 모든 나라에서 선거가 치러져 공산당이 정권을 잃으면서 공산주의 체제는 소리 없이 해체되었다. 1990년이면 바르샤바동맹은 간판을 내렸고 냉전도 종식되었다.

공화국들은 대부분 독립국가연합으로 재결집했는데 여기서는 대충 민주주의로 굴러가는 러시아가 대충 우두머리 노릇을 했다.

당시 러시아 대통령이었던 보리스 옐친

질서! 질서!

유일하게 남은 초강대국으로서 미국은 세계 경찰 노릇을 자임했다. 그게 가능할까?

글쎄… 미국은 부유했고 강했으며 군사 기지를 안 둔 곳이 없었다.

미국은 누구보다도 연료를 많이 썼다. 그래서 우방으로부터 기름을 안정적으로 공급받는 것이 중요했다.

대부분의 기름은 페르시아 만 일대에 있었는데 이라크는 러시아 쪽으로 기울었고 이라크와 싸우던 이란은 미국을 싫어했다.

이란과 이라크는 1988년 싸움을 끝냈지만, 이라크는 곧 새로운 전쟁을 벌였다.

이라크는 남쪽에 붙은 쿠웨이트가 이라크 유전에서 은근슬쩍 기름을 빼간다고 비난했다. 쿠웨이트는 금시초문이라는 반응만 보였고, 이라크는 미국의 우방이었던 쿠웨이트를 침공했다.

유엔의 지지 속에 수십 개 나라가 미국 쪽에 서서 이라크와 싸웠다. 사우디는 신성한 땅을 미군 공군 기지로 내주기까지 했다.

빈 라덴 무리는 완벽한 피신처를 찾아냈다.
아프가니스탄이었다.

아프간은 1989년 소련군이 철수한 뒤로 휘말린 복잡한 내전에서 겨우 벗어나던 상황이었다.

가만… 오늘은 배신자 라바니하고 붙는 거야, 이란 똘마니 헤크마티아르하고 붙는 거야?

오늘은 무신론자 나지불라하고 붙는 라바니를 거드는 거야!

도시는 쑥밭이 되었다. 아프간에는 팔다리와 눈이 성한 사람이 드물었다. 농부는 생존을 위해 아편을 키웠다.

아편이 파키스탄으로 쏟아지자 파키스탄 정부는 국경 지대를 내버려둘 수 없었다.

우리가 몽땅 폐인이 되기 전에 빨랑 와!

급할 거 없잖아. 인생 별거 없잖아~

하지만 파키스탄은 가난했다. 그래서 잘사는 사우디와 손을 잡고 아프가니스탄 쇄신책을 짰다.

우리 나라처럼 종교 경찰을 둬서 여자는 학교도 안 보내고 집안에 가두는 수밖에 없지 않을까요.

물주 마음이죠.

납치범들은 계속 기도를 하면서 거대한 비행기의 기수를 돌렸다. 한 대는 펜실베이니아의 숲속에 추락하고, 한 대는 미국 국방부 본부로 돌진했다.

나머지 두 대는 미국 금융의 상징인 뉴욕의 110층짜리 세계무역센터 허리로 돌진했다. ♪

열기를 못 이기고 두 건물이 주저앉으면서 3천 명 가까이가 죽었다.

전에도 쌍둥이 건물은 공격을 받은 적이 있었다. 1993년 지하 주차장에서 트럭에 실렸던 폭발물이 터졌다.

여론이 당국의 대응에 의구심을 보이자 뉴욕 시장은 위기관리센터 사무실을 여보란 듯이 세계무역센터로 옮겼다.

"거긴 벌써 당한 데잖아요!"
"시끄러워!"

그렇지만 2001년 9월 11일까지도 부서마다 쓰는 무선 주파수가 달라 혼선은 계속되었고, 위기를 총괄하는 부서는 건물과 함께 주저앉았다.

"위기관리센터의 위기를 관리할 메타위기관리센터를 만들 거야!"

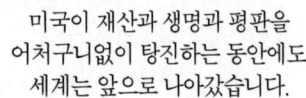

미국이 재산과 생명과 평판을 어처구니없이 탕진하는 동안에도 세계는 앞으로 나아갔습니다.

인도는 수십 가지 언어가 있고 거지가 5억 명이나 되고 종교 분쟁과 종족 분쟁도 심하지만 그래도 소프트웨어 산업과 제조업이 잘나갑니다.

중국은 아직도 공산당이 혹은 스스로를 그렇게 부르는 세력이 통치하지만 이제는 "잘사는 것이 영예"라는 구호를 따르고 있습니다.

유럽은 (발칸 분쟁은 있었지만) 그래도 60년 동안 평화를 누렸고 모두 민주주의를 추구하는 25개 나라로 이루어진 유럽연합을 만들었습니다.

중동은 아직도 대부분 독재 정부 아래 있고 격한 이슬람주의자가 많습니다. 분쟁도 많죠. 이스라엘 대 팔레스타인, 아랍 대 이란, 수니파 대 시아파…

아프리카? 어지럽습니다. 거의 다 식민지에서 독립했지만 아직까지 국민에게 번영을 안겨준 나라는 없습니다. 사하라 사막은 점점 커지고 수많은 사람이 에이즈로 신음합니다.

남미는 수박 겉핥기로 넘어가서 죄송하다는 말씀밖에 못 드리겠네요. 미안해요, 남미인 여러분!

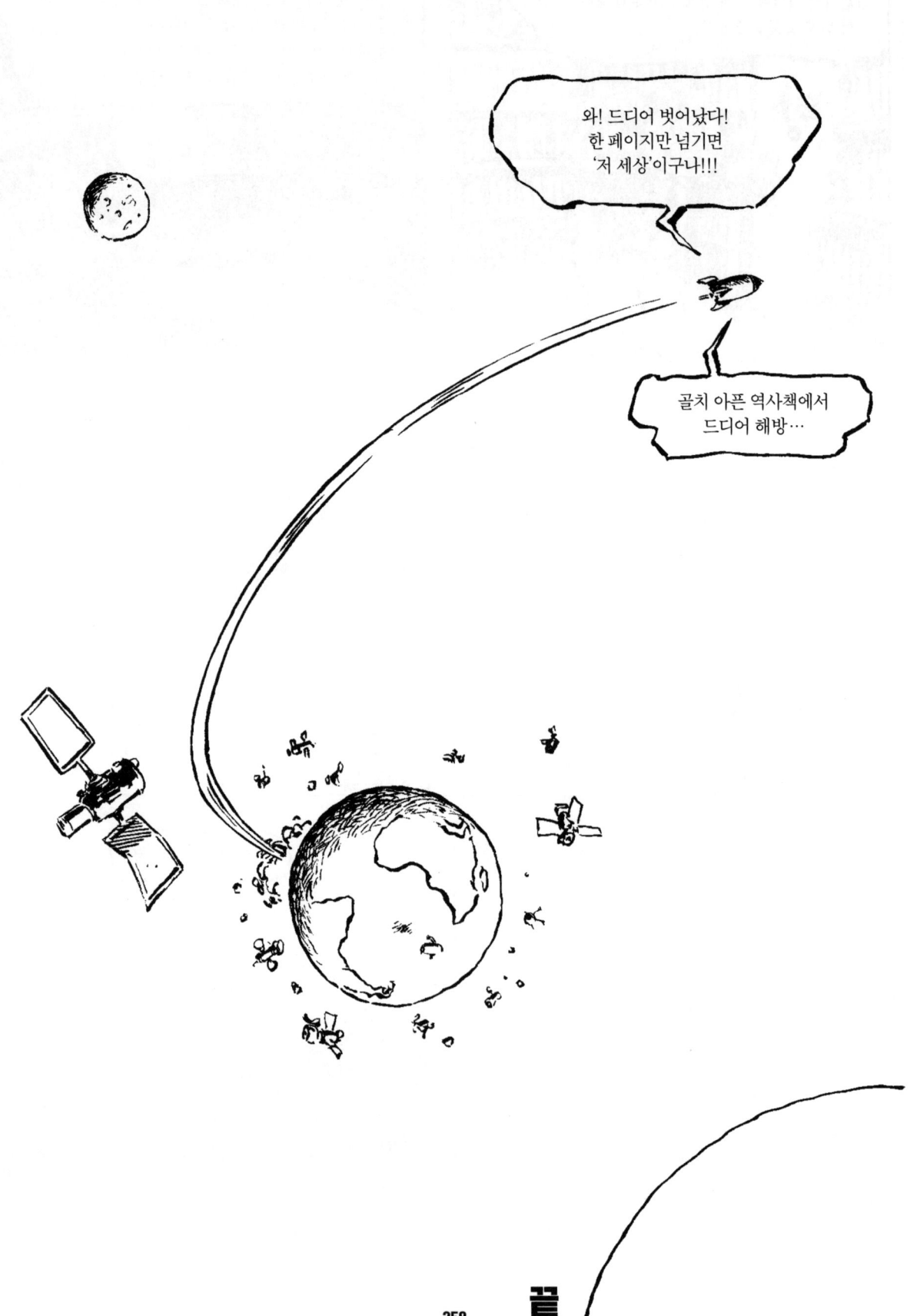

BIBLIOGRAPHY
참고문헌

『볼리바르와 스페인 치하 아메리카 혁명의 정치 사상 Boli var and the Political Thought of the Spanish American Revolution』,
V. Belaunde 지음, New York : Octagon Books, 1967. 남미인의 폭넓은 시각.

『프랑스혁명 The French Revolution』, J. Bosher 지음, New York : W. W. Norton, 1988.
보기 드물게 냉정하고 차분하고 특히 1789년 이전까지의 분석이 뛰어나다.

『콘스탄티누스의 칼, 교회, 유대인 Constantine's Sword, the Church, and the Jews』, J. Carroll 지음, New York : Houghton Mifflin,
2001. 가톨릭 교회의 반유대주의 역사를 그린 책.

『흠차대신 임칙서와 아편전쟁 Commissioner Lin and the Opium War』, H-P. Chang 지음, New York : W. W. Norton, 1964.
마약 무역과 그것을 밀어붙인 사람들과 그것을 거부한 사람들에 대한 짧지만 날카로운 분석.

『근대 중동사 A History of the Modern Middle East』, W. Cleveland 지음, 2판, Boulder, Colorado : Westview Press, 2000.

『아프리카의 초상, 폴 크루거, 세실 로즈, 로벤굴라 African Portraits, A Biography of Paul kruger, Cecil Rhodes, and Lobengula』,
W. Cloete 지음, London : Collins, 1946. 한물간 내용에 반복이 심하고 마타벨레족을 비롯한 '검둥이들'을 철저히 얕잡아보고
보어인에게는 아주 호의적이다. 그래도 잘 읽힌다!

『아이티 왕 크리스토프 Christophe, King of Haiti』, H. Cole 지음, New York : Viking Press, 1967.
소신이 있고 근면하고 선견지명이 있었지만 참아내기 어려웠던 폭군의 일대기.

『유령 전쟁 : 소련의 침공에서 2001년 9월 10일까지 CIA, 아프가니스탄, 빈 라덴의 안 알려진 역사 Ghost Wars : the Secret History of the CIA, Afghanistan,
and Bin Laden from the Soviet Invasion to September 10, 2001』, S. Coll 지음, New York : Penguin Press, 2004. 꼭 읽어야 할 내용이 실렸다!!!!!

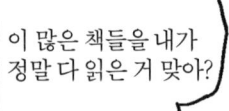

『후기 빅토리아의 학살극, 엘니뇨 기근, 제3세계의 형성 Late Victorian Holocausts, El Ni' Famines and the Making
of the Third World』, M. Davis 지음, London : Verso, 2001.
신좌파 역사가가 영국의 제국주의 정책과 식민지 기근 사이의 잊혀진 관계를 그린다.

『구체제와 프랑스혁명 The Old R'ime and the French Revolution』, De Tocqueville 지음,
S. Gilbert 옮김, New York : Anchor Books, 1955. 훌륭한 책.

『올로다 에퀴아노 곧 구스타부스 바사의 흥미로운 일대기 The Interesting Narrative of the Life of Olaudah Equiano,
or Gustavus Vassa』, O. Equiano 지음,
http://www.gutenberg.org/etext/15399에서 다운로드 받을 수 있다.
본인 말로는 1789년에 초판이 나왔다.

『프랑스혁명과 빈민 The French Revolution and the Poor』, A. Forrest 지음,
New York : St. Martin's, 1981. 정부가 교회로부터 구빈원과 병원을 접수한 이야기.

『돈, 어디서 와서 어디로 갔나 *Money, Whence It Came, Where It Went*』, J. K. Galbraith 지음, Boston : Houghton Mifflin, 1975. 익살스럽지만 본인의 익살을 의식할 때도 있다. 그래도 돌아가는 사정을 잘 짚은 슬기로운 책.

『자서전 *An Autobiography*』, M. Gandhi 지음, Boston : Beacon Press, 1957. 정말로 비범한 양반.

『히틀러의 자발적 실행인, 보통 독일인과 학살극 *Hitler's Willing Executioners, Ordinary Germans and the Holocaust*』, D. J. Goldhagen 지음, New York : Alfred A. Knopf, 1996. 정확성 여부를 떠나서, 증오로 확 기울어진 독일에 대한 격양된 묘사.

『프랑스 제1공화국의 계급 투쟁 *Class Struggle in the First French Republic*』, D. Guérin 지음, London : Pluto Press, 1977. 괜찮은 통찰이 있고 학술적 토대도 있지만 마르크스주의의 상투어가 흠이다.

『리야즈-우스-살리틴, 벵골의 역사 *Riyaz-us-Salitin, the History of Bengal*』, H. S. Gulam 지음, Abdus Salam 옮김. http://persian.packhum.org/persian에서 온라인으로 접할 수 있다. 번역된 훌륭한 페르시아 문헌.

『유대국 *The Jewish State*』, T. Herzl 지음. http://www.jewishvirtuallibrary.org/jsource/zionism/herzl2.html에서 온라인으로 다 볼 수 있다.

『나의 투쟁 *Mein Kampf*』, A. Hitler 지음. http://www.hitler.org/writings/mein_kampf/에서 온라인으로 접할 수 있다. 과격 독일우월주의자의 눈에 들어온 빈의 옛 모습이 잘 그려졌다. 사실과 어긋나는 술회도 좀 있지만 그야 회상록 공통의 문제라니까!

『근동사 *The Near East in History*』, P. K. Hitti 지음, Princeton, NJ : D. Van Nostrand Co., 1961.

『레오폴드 왕의 유령 *King Leopold's Ghost*』, A. Hochschild 지음, Boston : Houghton Mifflin, 1998. 교활함에서 타의추종을 불허하는 왕의 하수인들이 콩고 인구의 절반을 학살하여 이를 반대하는 운동이 국제적으로 벌어졌지만 학살자는 별로 개의치 않았다는 이야기.

『인간 본성에 관한 논고 *A Treatise of Human Nature*』, D. Hume 지음. http://www.class.uidaho.edu/mickelsen/toc/hume%20treatise%20toc.htm에서 온라인으로 읽을 수 있다.

『근대 일본의 성립 *The Making of Modern Japan*』, M. B. Jansen 지음, Cambridge, MA : Harvard University Press, 2000.

『조제핀 황후의 회상 *Memoirs of the Empress Josephine*』, Empress Josephine 지음. http://www.archive.org/details/memoirsofempress01joseiala와 http://www.archive.org/details/memoirsofempress02joseiala에서 (실제로 책장을 넘기는 느낌을 만끽하면서) 온라인으로 볼 수 있다. 격양될 때도 있지만 마르티니크 섬에서 보낸 어린 시절, 혁명기의 프랑스 궁정, 나중에 나폴레옹 옆에서 보낸 시간을 그렸다.

『순수이성비판 Critique of Pure Reason』, I. Kant 지음. 온라인으로 http://www.hkbu.edu.hk/~ppp/cpr/toc.html에서 접할 수 있다. 우리가 어떻게 순전히 우리 마음에서 비롯된 개념들을 가지고 이치를 따질 수 있는가 하는 흄한테서 영감을 얻은 문제와 씨름한다. 불면증이나 시차 문제로 잠 못 이루는 분에게 강추.

『노예무역에서 '합법' 무역으로 From Slave Trade to 'Legitimate' Commerce』, R. Law 엮음, Cambridge, England : Cambridge University Press, 2002. 노예무역의 종식이 서아프리카에 끼친 영향을 평가하려는 용감한 시도. 그렇지만 논문 필자들은 증거는 빈약한 편이라며 하나같이 신중하게 나온다.

『정복의 유산 The Legacy of Conquest』, P. N. Limerick 지음, New York : W. W. Norton, 1987. 미국 서부의 역사를 재해석하는 글들의 모음.

『혁명가들 The Revolutionaries(1789-1799)』, L. Madelin 지음, Bristol, England : Arrowsmith, 1930. 프랑스혁명의 주역들에 대한 인물 스케치. 비판적으로 흐를 때가 많지만 저자는 본의 아니게 당통은 우러러보는 듯하다.

『공산당 선언 The Communist Manifesto』, K. Marx와 F. Engels 지음. http://www.anu.edu.au/polsci/marx/classics/manifesto.html에서 온라인으로 접할 수 있다.

『혁명과 살육 Revolution and Genocide』, R. F. Melson 지음, Chicago : University of Chicago Press, 1992. 아르메니아인의 살육과 학살을 다루었다. Goldhagen의 책과 좋은 방향으로 비교가 된다.

『영국령 인도의 역사 The History of British India』, J. Mill 지음. 온라인으로 http://oll.libertyfund.org/toc/0381.php에서 접할 수 있다.

『죽음의 길, 상인 자본주의, 앙골라의 노예무역 Way of Death, Merchant Capitalism and the Angolan Slave Trade 1730-1830』, J. C. Miller 지음, Madison, Wisconsin : University of Wisconsin Press, 1988. 시와 학술 논문을 넘나드는 어지러운 문체 속에 수없이 박힌 알짜 정보들. 조금 짧았으면 더 좋았을 듯.

『모리스 총재의 일기와 편지 The Diary and Letters of Gouverneur Morris』, A. C. Morris 엮음, 전2권, New York : Scribner's, 1888. 미국 건국의 아버지이자 금융전문가로 외다리였지만 해학이 넘치던 모리스가 외교관으로 생생히 목격한 프랑스혁명 당시의 파리.

『이라크의 시아파 The Shi'is of Iraq』, Y. Nakash 지음, Princeton, NJ : Princeton University Press, 1995.

『아프리카 내륙 여행 Travels in the Interior of Africa』, M. Park 지음, 상하권. http://www.kessinger.net에서 우편 주문으로 받아볼 수 있다. 현지어를 할 줄 알았고 1795년에 니제르 강 깊숙이까지 올라간, 양식 있는 관찰자가 지켜본 흥미진진한 노예무역 이야기.

『시몬 볼리바르 Simon Bolívar』, F. L. Petrie 지음, New York : John Lane, 1910. 볼리바르의 성격에 대한 어지럽지만 자세하고 설득력 있는 묘사.

『세실 로즈, 문제 있는 거인 Cecil Rhodes, Flawed Colossus』, B. Roberts 지음, New York : W. W. Norton, 1988. 문제 있는 전기.

『아르헨티나, 1516-1987 Argentina, 1516-1987』, D. Rock 지음, Berkeley, CA : University of California Press, 1987.

『미래에 맞선 반도들 Rebels Against the Future』, K. Sale 지음, Reading, MA : Addison-Wesley, 1995. 러다이트 운동 이야기.

『파쿤도 Facundo』, D. Sarmiento 지음, K. Ross 옮김, Berkeley, CA : University of California Press, 2003. 가우초 출신의 독재자들이 어떻게 아르헨티나를 주름잡았는가를 통렬하게 파헤친 역작.

『시민 Citizens』, S. Schama 지음, New York : Alfred A. Knopf, 1989. 프랑스혁명을 다양한 관점에서 평가한다. 혁명 지도자나 프랑스의 굶주린 농민보다는 희생당한 귀족에게 더 큰 연민을 품는 책.

『발칸 반도의 역사 History of the Balkan Peninsula』, F. Schevill 지음, New York : Frederick Ungar, 1966. 발칸전쟁과 1차대전의 기억이 아직도 생생한 1922년에 초판이 나왔다.

『노예무역 The Slave Trade』, H. Thomas 지음, New York : Simon & Schuster, 1997. 정보는 많지만 따라가기가 늘 쉬운 것은 아니고 마녀 재판에 관여한 청교도의 거두 코튼 매더가 예수의 신성을 부정하는 유니테리언이었다는 등 좀 황당한 오류도 있다.

『중국인의 눈에 비친 아편전쟁 The Opium War Through Chinese Eyes』, A. Waley 지음, Palo Alto, CA : Stanford University Press, 1972. 분별 있고 세심한 논의와 중국어로 된 다양한 일기와 문서의 번역.

『아이누 정복, 일본 팽창기의 생태와 문화 The Conquest of Ainu Lands, Ecology and Culture in Japanese Expansion, 1590-1800』, B. L. Walker 지음, Berkeley, CA : University of California Press, 2006.

『"딱한 건 너지 내가 아니란다", 미국 서부의 새로운 역사 "It's Your Misfortune and None of My Own", A New History of the American West』, R. White 지음, Norman, OK : University of Oklahoma Press, 1991. 전복, 켈프, 중국인 어부, 태평양의 어자원에 관한 짧지만 훌륭한 글귀.

『은밀한 공작의 역사, 이란 모사데크 총리 축출, 1952년 11월에서 1953년 8월까지 Clandestine Service History, Overthrow of Premier Mossadeq of Iran, November 1952-August 1953』, D. N. Wilber 지음, 2006년 http://web.payk.net/politics/cia-docs/published/one-main/main.html에서 온라인 간행. CIA의 정권 교체 사업 '총지휘자'가 들려주는 당시 이야기.

『오스트리아-폴란드 통치하의 갈리시아 유대인 The Jews of Galicia Under Austrian-Polish Rule, 1876-1918』, P. Wrobel 지음. 온라인으로 http://www.jewishgen.org/galicia/html/jews_of_galicia.pdf에서 접할 수 있다.

옮긴이의 말

『세상에서 가장 재미있는 세계사』 시리즈의 마지막 권은 프랑스혁명 전야인 1700년대 후반부터 현대의 아프간 전쟁까지를 다룬다. 래리 고닉이 사건의 양과 범위가 폭발적으로 늘어나는 프랑스혁명 이후의 복잡한 세계사를 한 권의 만화책에 어떻게 담아낼까 궁금했지만, 역시 명불허전이었다. 복잡한 역사의 실타래를 가지런히 풀어내는 그의 통찰력은 마지막 권에서 더욱 돋보였다. 고닉은 영국이 노예 소유주에게 막대한 보상금을 물어주면서까지 노예 해방을 세계 최초로 선언할 수 있었던 배경에는 중국에 아편을 팔아서 벌어들인 엄청난 무역 흑자가 있었기 때문임을 밝혀낸다. 아이티의 흑인 노예들에게 프랑스혁명이 얼마나 큰 희망과 좌절을 동시에 안겨주었는지도 짚어낸다. 유대인 헤르츨이 시온주의를 내걸고 이스라엘 건국에 몰입한 것은 기자로서 드레퓌스 사건을 취재하면서 유럽에서는 유대인이 공정한 재판을 받을 수 없다는 좌절감 때문이었다는 사연도 들려준다.

고대에서 근대까지의 역사와 근대부터 현대까지의 역사가 다른 점은 근현대로 내려올수록 전쟁이나 무역 같은 역사적 사건 말고도 과학 이론과 정치 이념의 비중이 폭발적으로 늘어난다는 데 있다. 과학 이론은 단순히 이론에 그치는 것이 아니라 증기기관에서 핵폭탄에 이르기까지 또 다른 현실을 만들어낸다. 마찬가지로 정치 이념도 마르크스의 공산주의 혁명론을 실천에 옮긴 러시아혁명처럼 이념으로 그치는 것이 아니라 또 다른 현실을 만들어낸다. 그러므로 근현대를 다루는 세계사는 과학 이론과 정치 이념까지도 웬만큼 짚어주어야 한다. 고닉은 역사적 사건만 다루는 데 그치지 않고 복잡한 아인슈타인의 상대성 이론을 타임머신을 예로 들어 누구보다도 명쾌하게 정리하는가 하면 진화론과 약육강식의 사회다윈주의까지 건드린다. 또 마르크스의 자본주의 분석과 레닌과 마오쩌둥의 혁명론까지도 소개한다. 래리 고닉은 역사와 과학과 이념을 집대성하여 이 시리즈의 마지막 권을 명실상부 '세상에서 가장 알찬 세계사'로 그렸다.

그러나 고닉이 그린 세계사는 '세상에서 가장 공정한 세계사'이기도 하다. 자국에서

는 아편을 금지하고 자유무역을 내세우며 타국에 아편을 팔아넘긴 영국의 위선, 민권을 존중하는 서구식 공화정을 추구하던 쑨원의 민주주의 정부는 무시한 채 무단 통치를 일삼던 중국 군벌을 비호하던 유럽 민주주의 국가들의 위선, 자국민을 중시하던 민주주의 국가 인도는 따돌리고 독재 국가 파키스탄을 싸고돌던 미국의 위선을 고닉은 여지없이 까발린다. 자유와 평등과 우애라는 가치가 기껏해야 한 나라 안에서만 통할 뿐 나라와 나라 사이에서는 법보다는 폭력이 앞서고, 말보다는 주먹이 앞서는 정글의 법칙이 세계사를 관통한 논리임을 드러낸다.

　나는 그러나 단 한 번 고닉이 아주 공정해 보이지만은 않는다는 생각을 했다. 그것은 구한말 러시아에게도 굽신거리고 일본에게도 굽신거리는 딱한 모습으로 조선 임금을 그린 대목이었다. 내가 한국인이라서 조선을 감싸고 싶은 마음이 들어서만은 아니다. 고닉처럼 공정한 역사가도 고정관념에서 자유롭지 못할 만큼 조선 왕조에 대한 서양인의 편견이 뿌리 깊다는 사실을 새삼 느껴서다.

　어느 나라든 신분제에 따른 차별은 있었고 조선도 예외는 아니었지만, 조선은 적어도 국제 관계에서 주먹이 아니라 말로 처신하려던 보기 드문 나라였다. 조선의 무력이 약해서만은 아니었다. 조선은 예로써 타국을 대했다. 사대주의는 중국 같은 대국을 형으로 예우하는 것이기도 했지만 유구국 같은 소국을 동생으로 예우하는 것이기도 했다. 조선에서 사대주의는 부끄러운 단어가 아니었다. 오늘의 국제 사회는 실상은 어떻든 대국도 소국도 똑같이 주권을 존중받는 민주주의의 원리를 이상으로 추구하지만 조선이 몸담았던 동아시아에서는 형과 아우가 서로를 존중하듯 각 나라가 본분을 지킬 때 국제 질서가 유지된다고 보았다.

　조선은 점잖은 나라였다. 16세기 말 영국의 엘리자베스 여왕 밑에서 사실상 국방장관 노릇을 한 프랜시스 드레이크는 해적이었지만 비슷한 시기에 조선 수군을 지휘한 이

순신은 선비였다. 해적은 이해득실만을 따지지만 선비는 옳고 그름을 따진다. 이해득실만을 따지는 나라가 옳고 그름을 따지려던 나라를 무능하다고 비웃는 것은 좀 아니지 않을까.

조선을 무능한 왕조로 그리는 데 앞장선 것은 일본이었다. 그래야 조선을 삼킨 자신들의 행위가 정당화되기 때문이다. 그리고 고닉의 세계사에도 그 활약상이 드러나지만 영국과 미국을 비롯하여 프랑스도 독일도 스페인도 이탈리아도 다 약소국을 닥치는 대로 집어삼킨 제국주의 국가였으므로, 먹힌 나라는 가엾고 먹은 나라는 나쁘다고 생각하기보다는 먹힌 나라는 무능하고 먹은 나라는 유능하다는 쪽으로 마음이 기울게 마련이다. 일본의 식민 통치를 예찬하는 한국의 뉴라이트 세력이 조선을 망해도 싼 나라로 깎아내리는 것도 일본을 상전으로 떠받들면서 식민 통치의 하수인 노릇을 한 자신의 허물을 정당화하기 위해서다.

『세상에서 가장 재미있는 세계사 5』를 번역하면서도 새삼스럽게 깨달았지만, 민주주의는 한 번도 국경선을 넘은 적이 없다. 자국 안에서는 자유, 평등, 우애의 정신을 실천하려는 나라도 타국에 대해서는 옳고 그름이 아니라 유불리만을 따지고 자기 잇속만 챙긴다. 자국 안에서 민주주의를 지키는 나라도 실은 타국을 침공하여 거기서 나온 떡고물을 나누어주면서 자국의 갈등을 봉합하며 민주주의를 세운 경우가 많다. 엄밀한 의미에서 타국을 짓밟지 않고 자력으로 민주주의를 일으킨 나라는 드물다.

한국은 이중으로 힘들다. 타국을 침공하여 자국민에게 떡고물을 나눠주면서 갈등 봉합의 에너지를 얻기는커녕 자국을 지배한 타국을 예찬하는 세력이 아직도 기득권을 쥐고서 분열의 에너지를 내뿜는 나라기 때문이다. 타국을 정복하는 나라는 통합의 에너지를 얻지만 타국에게 정복당한 나라는 분열의 에너지에 시달린다. 그러나 타국을 유린하고 이루어낸 민주주의는 모래성이다. 그런 민주주의의 에너지는 안이 아니라 밖에서 굴러들어온 것이기 때문이다. 타국을 공격해야만 굴러가는 민주주의기 때문이다.

　타국을 짓밟지 않고 내 안의 힘만으로 민주주의를 이루기는 이만저만 힘든 것이 아니지만 그것만이 진정으로 지속가능한 민주주의다. 그리고 그런 민주주의만이 국경을 넘을 수 있다. 타국에게 유린당하여 피눈물을 흘려본 나라의 민주주의는 유불리가 아니라 옳고 그름을 잣대로 삼기 때문이다. 개인과 개인 사이도 그렇지만 나라와 나라 사이에서도 자신에게 불리한 결과도 옳다면 수용하는 것이 참다운 민주주의다.

　타임머신을 탄 이 책의 주인공은 마지막 장면에서 지구를 떠나면서 골치 아픈 역사에서 드디어 해방되어 저 세상으로 가게 되었다면서 좋아하지만 그가 도착한 곳은 바로 다음에 이어지는 참고문헌이었다. 역사책에서 빠져나온 줄 알았는데 다시 역사책 안으로 돌아온 것이다. 우리도 목숨이 붙어 있는 한 역사에서 도망갈 수가 없다. 역사에서 도망치려는 행위가 또 다른 오욕의 역사를 만들어낸다. 어차피 도망가지 못할 운명이라면 역사를 더 깊이 파고들어 조금이라도 더 나은 역사, 조금이라도 더 바른 역사를 현실에서 만들어나가자는 조언을, 타임머신을 타고 역사책에서 빠져나온 줄 알았다가 다시 역사책 안으로 떨어진 주인공을 통해서 고닉이 우리에게 넌지시 한다고 해석한다면 지나친 망상일까?

　이 세계사 시리즈를 더 이상 접하지 못한다고 생각하니 아쉽고 허전하다. 읽는 이들도 비슷한 심정이리라. 그러나 만화는 끝나도 역사는 끝나지 않는다. 우리가 읽는 만화는 끝이 있어도 우리가 만드는 역사는 끝이 없다. 끝이 없는 것은 다 희망적이다.

2010년 6월

이희재

세상에서 가장 재미있는 세계사 5

1판 1쇄 펴냄 2010년 6월 28일
2판 1쇄 찍음 2022년 11월 10일
2판 1쇄 펴냄 2022년 12월 1일

글·그림 래리 고닉
옮긴이 이희재

주간 김현숙 | **편집** 김주희, 이나연
디자인 이현정, 전미혜
영업·제작 백국현 | **관리** 오유나

펴낸곳 궁리출판 | **펴낸이** 이갑수

등록 1999년 3월 29일 제300-2004-162호
주소 10881 경기도 파주시 회동길 325-12
전화 031-955-9818 | **팩스** 031-955-9848
홈페이지 www.kungree.com
전자우편 kungree@kungree.com
페이스북 /kungreepress | **트위터** @kungreepress
인스타그램 /kungree_press

한국어판 ⓒ 궁리출판, 2010.

ISBN 978-89-5820-803-7 07900
ISBN 978-89-5820-804-4 (세트)

책값은 뒤표지에 있습니다.
파본은 구입하신 서점에서 바꾸어 드립니다.